쉽게 배우고 생활에 바로 쓰는

스마트에이징 양성과정

(주)지아이에듀테크 저

iCox
Education by Sympathy

쉽게 배우고 생활에 바로 쓰는
스마트에이징 양성과정

초판 1쇄 인쇄 2020년 2월 10일
초판 1쇄 발행 2020년 2월 20일

지은이 ㈜지아이에듀테크
펴낸이 한준희
펴낸곳 ㈜아이콕스

기획/편집 아이콕스 기획팀
디자인 이지선
영업지원 김진아
영업 김남권, 조용훈

Education by Sympathy

주소 경기도 부천시 중동로 443번길 12, 1층(삼정동)
홈페이지 http://www.icoxpublish.com
이메일 icoxpub@naver.com
전화 032-674-5685
팩스 032-676-5685
등록 2015년 7월 9일 제 2017-000067호
ISBN 979-11-6426-114-7

30년째 컴퓨터를 교육면서도 늘 고민합니다. "더 간단하고 쉽게 교육할 수는 없을까? 더 빠르게 마음대로 사용하게 할 수는 없을까?" 스마트폰에 대한 지식이 없는 4살 먹은 어린아이가 스마트폰을 가지고 놀면서 스스로 사용법을 익히는 것을 보고 어른들은 감탄합니다.

그렇습니다. 컴퓨터는 학문적으로 접근하면 배우기 힘들기 때문에 아이들처럼 직접 사용해 보면서 경험적으로 습득하는 것이 가장 빠른 배움의 방식입니다. 본 도서는 저의 다년간 현장 교육의 경험을 살려 책만 보고 무작정 따라하다 발생할 수 있는 실수와 오류를 바로잡았습니다. 컴퓨터를 활용하는 데 꼭 필요한 핵심 내용을 중심으로 집필했기 때문에 예제를 반복해서 학습하다 보면 어느새 원리를 이해하고, 활용할 수 있는 단계에 오르게 될 것입니다. 쉽게 배우고 생활에 바로 쓸 수 있게 집필된 본 도서로 여러분들의 능력이 향상되기를 바랍니다. 물론 본 도서는 여러분의 컴퓨터 능력을 향상시킬 수 있는 수많은 방법 중 한 가지라는 말씀도 드리고 싶습니다.

교육 현장에서 늘 하는 말이 있습니다.
"컴퓨터는 종이다. 종이는 기록하기 위함이다."
"단순하게, 무식하게, 지겹도록, 단.무.지.반! 하십시오."
처음부터 완벽하지는 않겠지만 차근차근 익히다 보면 어느새 만족할 만한 수준의 사용자로 우뚝 서게 될 것입니다.

끝으로 이 책이 나올 수 있도록 도움을 주신 지아이에듀테크, ㈜아이콕스의 임직원 여러분들께 감사의 마음을 전합니다.

㈜지아이에듀테크

★ 각 CHAPTER 마다 동영상으로 더 쉽게 학습할 수 있도록 QR코드를 담았습니다. QR코드로 학습 동영상을 시청하는 방법은 다음과 같습니다.

1. Play스토어 네이버 앱을 ❶설치한 후 ❷열기를 누릅니다.

 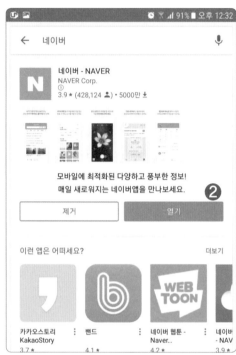

2. 네이버 앱이 실행되면 하단의 ❸동그라미 버튼을 누른 후 ❹렌즈 메뉴를 선택합니다

 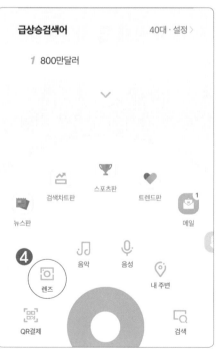

3. 본 도서에는 Chapter별로 상단 제목 오른쪽에 ❺QR코드가 있습니다. 스마트폰의 화면에 QR코드를 사각형 영역에 맞춰 보이도록 하면 QR코드가 인식되고, 상단에 동영상 강의 링크 주소가 나타납니다. ❻동영상 강의 링크 주소를 눌러 스마트폰으로 학습할 수 있습니다.

※ 유튜브(www.youtube.com)에 접속하거나, **유튜브** 앱을 사용하고 있다면 **지아이에듀테크**를 검색하여 동영상 강의를 들을 수 있습니다. **재생목록** 탭을 누르면 과목별로 강의를 찾아볼 수 있습니다.

목차

CHAPTER 01

**스마트폰 &
앱 관리 노하우**

01-1 Play 스토어 속 깊이 알아보기 … 8
01-2 앱 수동으로만 업데이트 하기 … 13
01-3 앱 초기화 … 15
01-4 앱 기본설정 … 18
01-5 앱 권한설정 … 22
01-6 스마트폰 속도 올리기(개발자옵션) … 25
01-7 배터리 관리하기 … 28
01-8 알림설정 끄고 켜기 … 36

CHAPTER 02

사진촬영과 편집하기

02-1 카메라 환경설정하기 … 38
02-2 라이브 포커스로 촬영하기 … 47
02-3 노출보정과 심도조절 … 50
02-4 수동으로 심도 조절하기 … 59
02-5 사진편집 앱 사용하기 … 61

CHAPTER 03

클라우드 관리하기

03-1 Send Anywhere로 사진 전송하기 … 66
03-2 네이버 클라우드로 사진 관리하기 … 70

CHAPTER 04

스마트폰 동영상 활용하기

04-1 유튜브 배경음악과 영상소스 다운로드 … 89
04-2 VideoShow로 영상 편집하기 … 91
04-3 VideoShow 카메라 활용하기 … 103

CHAPTER 05

카카오톡 활용하기 (1)

05-1 사진으로 내 정보가 유출된다 … 108
05-2 전화번호 대신 QR코드로 친구추가 … 111
05-3 톡캘린더 활용하기 … 113
05-4 # 검색 활용하기 … 117
05-5 카카오페이 이용하기 … 121

CHAPTER 06
카카오톡 활용하기 (2)

06-1 카카오페이 충전과 송금하기   127
06-2 카카오페이 결제하기   134
06-3 카카오페이 홈 화면에 위젯 만들기   135
06-4 지갑을 얇게 해주는 멤버십 사용하기   136
06-5 카톡 읽고 배지 숫자 남겨두기   139
06-6 카톡 삭제한 메시지 확인하기   142

CHAPTER 07
강의에 필요한 미러링하기

07-1 모비즌 USB로 미러링 설정하기   143
07-2 모비즌 사용하기   151
07-3 윈도우10에 직접 미러링하기   157

CHAPTER 08
예약과 키오스크 발권하기

08-1 영화 예매와 키오스크 발권하기   159
08-2 기차표 예매와 키오스크 발권하기   166
08-3 고속버스 예매와 키오스크로 발권하기   171

CHAPTER 09
스마트하게 수업하기

09-1 카훗으로 인터랙티브한 수업하기   176
09-2 카훗으로 퀴즈 만들기   182

CHAPTER 10
**개인정보관리와
교육수료증 받기**

10-1 개인정보 안전성 확보조치 온라인교육   197
10-2 온라인교육 영상 보기   202
10-3 수료증 발급하기   207

CHAPTER **01-1** ▶▶▶

Play 스토어 속 깊이 알아보기

🖱 Play 스토어가 사라졌을 때

01 스마트폰에서 앱을 설치하려면 Play 스토어에서 검색하여 설치해야 하는데 앱 화면에도 보이지 않는 곤란한 상황이 발생합니다. 지금은 보이더라도 보이지 않도록 만든 후 해결 방법을 알아보겠습니다.

02 Play 스토어를 찾아서 **❶길게 터치**를 하면 아래와 같은 화면이 나오게 되는데 **❷사용 중지(사용안함)** 또는 **숨기기**를 선택합니다. 경고상자가 나오는데 여기서 **❸사용 중지**를 터치합니다.

03 스마트폰에서 아무리 찾아도 Play 스토어 라는 앱이 보이질 않게 됩니다. 먼저, 스마트폰 상단의 알림표시줄을 아래로 드래그한 후 **설정** 버튼을 탭(Tap)한 후 설정 화면에서 **애플리케이션**을 선택합니다.

04 Google Play 스토어를 찾아보면 **사용안함**이 표시되어 있습니다. Google Play 스토어를 선택해서 열어준 후 **사용** 버튼을 탭합니다.

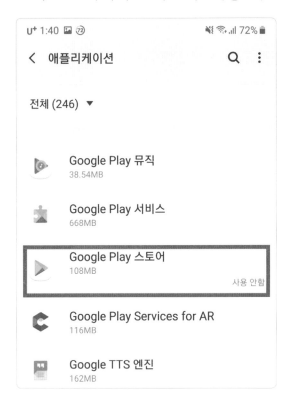 

05 설정 화면을 빠져나와서 앱 화면의 가장 마지막 앱 창으로 이동하면 가장 마지막에 Play 스토어가 보이게 됩니다. 필요하면 Play 스토어 아이콘을 길게 터치한 후 **홈 화면에 추가**를 눌러서 홈 화면에도 바로가기 아이콘을 만들어 줍니다.

- 설정 – 애플리케이션에 Google Play 스토어가 사라져 버렸을 경우도 있는데 이럴 때는 PC에서 구글 스토어 공식사이트에 들어간 후 구글 계정으로 로그인한 후 Play스토어를 검색해서 설치하면 스마트폰에 자동으로 앱 화면에 설치가 되어 있게 됩니다.

● Play 스토어에서 다운로드 대기중만 나올 때

01 앱을 설치하려고 검색한 후 설치를 누르면 다운로드 대기중이라 나온 후 설치 진행이 안 되는 경우가 있습니다.

02 아래와 같이 따라하면 간단하게 해결할 수 있습니다. 먼저, 화면 상단의 **알림표시줄**을 아래로 드래그해서 **설정** 버튼을 탭한 후 설정 화면에서 **애플리케이션**을 선택합니다.

03 Google Play 스토어를 선택한 후 **저장공간**을 탭합니다.

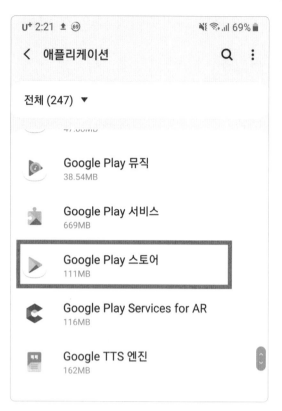 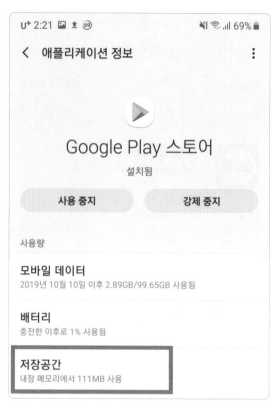

04 아래의 임시 저장공간인 캐시의 용량이 꽤 많이 지정되어 있습니다. 상단의 **캐시 삭제** 버튼을 터치한 후 Play 스토어에서 앱을 설치하면 대기중인 메시지가 금방 사라지고 설치 작업을 진행하게 됩니다.

■ 대기중이라고 나오고 멈추는 이유는 Wi-Fi(인터넷)상태가 좋지 않을 경우가 대부분입니다.

스마트폰이 와이파이 지역에 들어가게 되면 Play 스토어에서 앱을 자동으로 업데이트가 되도록 설정되어 있습니다. 편리한 작업이지만 때로는 인터넷이 늦어지거나 와이파이 지역에서 벗어날 때 업데이트를 하다가 먹통이 되기도 하므로 수동으로 업데이트를 해주는 것이 좋습니다. 또한 잘못 설정이 되어 있어서 모바일 네트워크 상태에서도 업데이트가 되도록 설정되어 있으면 저렴한 요금제를 선택하거나 알뜰폰을 사용하는 경우 빠르게 데이터 사용량이 소진되게 됩니다.

01 Play 스토어를 찾아서 실행한 후 좌측상단의 **메뉴**를 터치하면 메뉴가 나오는데 하단부분에 **설정**을 선택합니다.

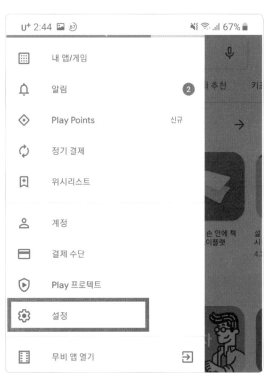

■ 안드로이드 스마트폰의 경우 **메뉴**를 앱마다 다양하게 표시하게 되는데 일반적으로 **삼선(≡)**으로 표시하지만 **삼점(:)**으로도 표시하기도 합니다. 대표적으로 카카오톡에서 우측 상단에 메뉴를 **삼점(:)**으로 나타내고 있는데 삼점(⋯)이 가로도 있는데 이것은 **더 보기**라고 읽어야 합니다. 엄연하게 메뉴와 더 보기 의미는 다르지만 동일하게 여긴다고 해서 문제가 되는 것은 아닙니다. 더 많은 것을 보여주기 위해 모아둔 것이기 때문이지요.

02 기본설정 그룹의 **앱 자동 업데이트**를 선택하면 3개의 선택할 것이 보이는데 기본적으로 Wi-Fi만 사용이 선택되어 있는데 **앱 자동 업데이트 안함**을 선택한 후 **완료**를 누릅니다.

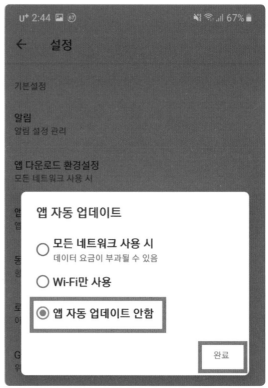

03 수동으로 업데이트를 하는 방법은 Play 스토어를 실행한 후 **메뉴**를 선택한 후 **내 앱/게임**을 선택한 후 **모두 업데이트**를 누릅니다.

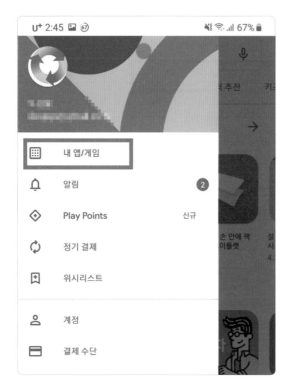
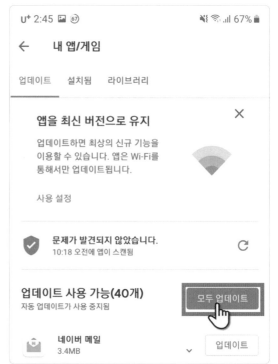

앱을 사용하다보면 비정상적으로 동작하거나 오류가 나올 때가 자주 있는데 앱을 지웠다가 다시 설치하면 되지만 앱을 처음 설치한 상태로 만들어 주는 초기화를 알아두면 편리합니다. 또한 아래에서 처리하게 되는 것으로 앱에서 사용한 찌꺼기(쿠키)등을 삭제할 수 있습니다.

01 네이버 지도를 초기화 하려고 하는데 설치가 되어 있지 않을 경우는 설치를 먼저 합니다.

02 네이버 지도를 이용해서 길찾기, 지하철, 버스가 언제 오는지 알아보고 거리뷰도 확인하는 여러가지 작업을 하게 되면 데이터가 쌓이게 됩니다. 불필요하게 저장되어 있는 데이터를 지우는 것을 초기화한다고 생각하면 됩니다.

03 네이버 지도에서 우측에 레이어를 누른 후 아래와 같이 체크해서 네이버 지도를 다양하게 보도록 설정합니다. 이렇게 체크를 하게 되면 일반지도에 체크한 것을 덧입혀서 보이게 됩니다. 체크를 모두 다했으면 뒤로 버튼을 누르던지 오른쪽으로 레이어를 밀어넣어줍니다.

04 스마트폰에서 앱에 문제가 발생했을 때는 앱을 닫고 빠져나간 후 상단의 **알림표시줄**을 아래로 드래그한 후 **설정** 버튼을 터치한 다음 **애플리케이션**을 누릅니다.(홈 화면의 네이버 지도를 길게 누른 후 **앱 정보**를 누르면 빠르게 다음 작업을 진행할 수 있습니다)

05 초기화할 앱을 선택하는데 여기서는 **네이버 지도**를 선택한 후 **저장공간**을 누릅니다.

06 데이터 삭제(데이터지우기)를 터치하면 영구적으로 삭제된다는 경고창이 나오게 됩니다. 여기서 **확인**을 선택하는데 캐시삭제(임시공간지우기)까지 동시에 지워집니다.

 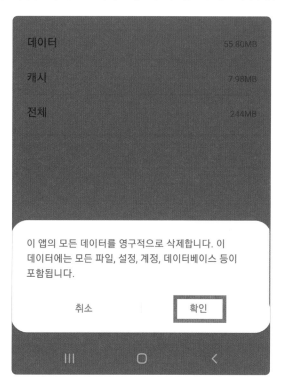

07 설정을 모두 닫은 후 네이버 지도를 다시 실행하면 아래와 같이 안내창이 나오게 되는데 왼쪽으로 스와이프(플릭)을 한 후 **시작하기**를 누르면 권한 허용창이 나오는데 **허용**을 몇 번합니다.

카카오톡에서 친구에게 채팅창에서 음식 사진을 멋지게 촬영해서 보내려고 할 때 사용하는 푸디 카메라를 이용하고자 하는데 항상 기본 카메라로만 연결되어 불편할 때가 있습니다. 이럴 때 사용하는 기능이 기본 설정을 풀어주면 스마트폰에서는 어떤 앱을 사용할 것인지 묻는 대화상자가 나오게 됩니다.

01 먼저 **푸디** 카메라를 설치하도록 하는데 앱 이름은 Foodie 푸디 – **일상을 맛있게**로 표시되어 있습니다.

 Foodie 푸디 - 일상을 맛있게
SNOW, Inc.

02 설치가 끝나면 창을 모두 닫은 후 **카카오톡**을 실행한 후 친구에서 가장 상단에 있는 **본인**을 탭해서 **나와의 채팅**을 실행한 후 좌측 하단의 **추가(+)** 버튼을 터치합니다.

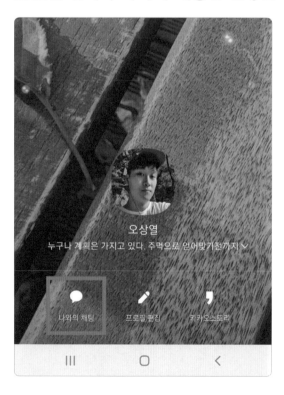

03 카메라를 선택하면 촬영할 것이 무엇인지 묻는 창이 나오게 되는데 여기서 **사진 촬영**을 선택합니다.

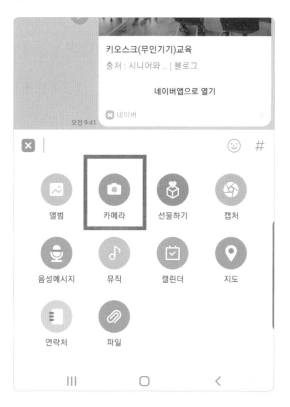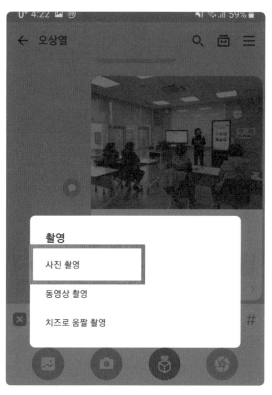

04 푸디 카메라를 처음 설치한 스마트폰은 아래처럼 무엇으로 촬영할 지 물어보는 창이 나오게 됩니다. **기본 카메라**를 선택한 후 **항상**을 누른 후 촬영해서 보내기를 합니다.

05 다시 앞의 2번부터 4번 과정까지 반복해보면 이제는 **카메라**를 눌러도 무엇으로 촬영할 지를 물어보지 않습니다. 이렇게 기본설정된 앱을 해제하려면 카카오톡을 끝낸 후 홈 화면의 **카메라 앱을 길게 터치**한 후 **앱 정보**를 누릅니다.(설정 ▶ 애플리케이션 ▶ 카메라) 애플리케이션 정보창에서 **기본으로 설정**을 터치합니다.

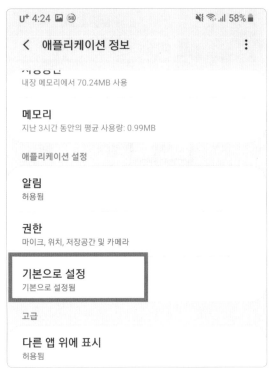

06 **기본 설정 삭제** 버튼을 터치후 다시 카톡에서 **카메라**를 선택합니다.

07 촬영할 앱을 Foodie를 선택한 후 **한 번만**을 누르면 푸디 카메라가 실행됩니다. 촬영을 해서 필터를 처리한 후 우측상단의 전송을 누릅니다. 이렇게 사용할 앱을 다음에도 선택하도록 하려면 **한 번만**을 선택하도록 합니다.

■ 다른 앱에서 갤러리를 눌러 사진을 보려고 할 때 기본적으로 스마트폰의 갤러리가 열려야 하는데 다른 유사한 갤러리가 열리게 되면 유사한 갤러리의 앱 정보에 가서 기본정보 삭제를 하면 갤러리를 선택할 수 있게 됩니다.

■ 문자메시지, 이메일, 블로그, 카페, 페이스북, 인스타그램, 트위터, QR코드 인식 앱등 인터넷 주소를 터치하게 되면 자동으로 연결되는 웹브라우저가 있는데 갤럭시는 보통 **삼성인터넷**이 연결되도록 되어있습니다. 동일한 방법으로 삼성인터넷의 기본설정을 해제한 후 작업을 진행하면 사용할 앱을 선택하도록 나오게 됩니다.

■ 카카오톡은 위의 과정대로 하면 브라우저를 변경할 수 없는데 이유는 카카오톡 인앱 브라우저(자체 내장브라우저)에서 열리도록 설계되어 있습니다. 그래도 다른 브라우저로 꼭 봐야할 경우가 생긴다면 일단 URL을 터치해서 열어준 후 인앱 브라우저 우측상단의 메뉴를 눌러서 **다른 브라우저로 열기**를 선택하면 됩니다.

모든 앱에서 권한이 필요하면 자동으로 물어보도록 되어 있는데 잘못선택한 후 거부하게 되면 권한 설정을 물어보지 않게 됩니다.

01 네이버 지도를 실행한 후 상단 검색창의 **마이크**를 터치한 후 **확인**을 누릅니다.

 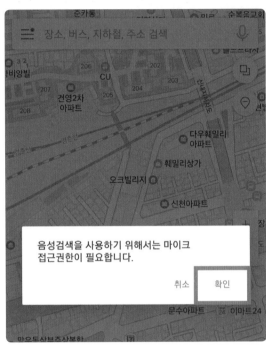

02 여기서 허용을 누르거나 거부를 눌러야 하는데 **다시 묻지 않음**을 선택한 후 **거부**를 누르면 다시 묻지 않게 됩니다.

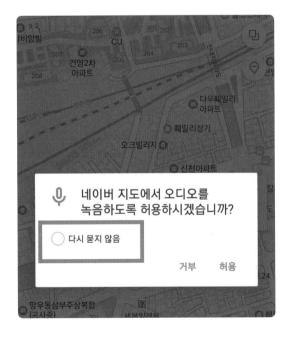 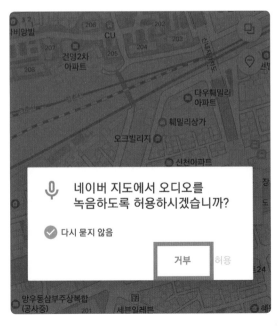

03 마이크를 다시 누르면 아래와 같이 권한 요구하는 창이 영어로 나오게 됩니다. **확인**을 눌러서 **권한**을 누르면 되는데 여기서는 다른 앱과 동일하게 사용하도록 **네이버 지도를 끝내고** 나갑니다.

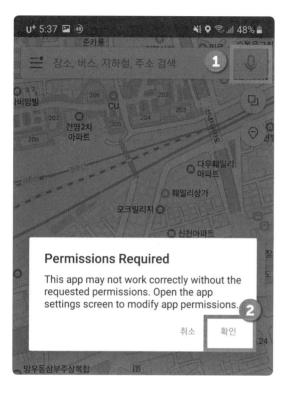
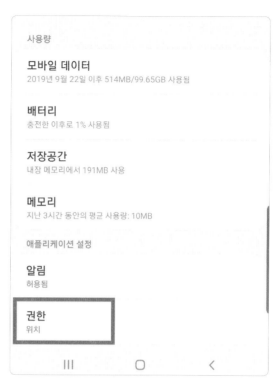

04 홈 화면에서 **네이버 지도를 길게 터치**한 후 **앱 정보**를 선택한 후 애플리케이션 정보 창에서 **권한**을 선택합니다.

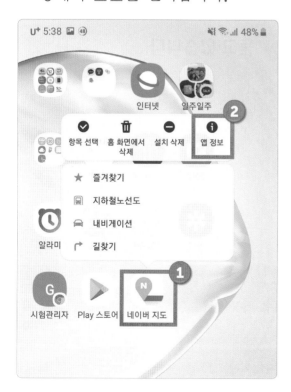

05 앱 권한 창에서 마이크를 터치해서 On으로 변경 후 설정을 빠져나갑니다.

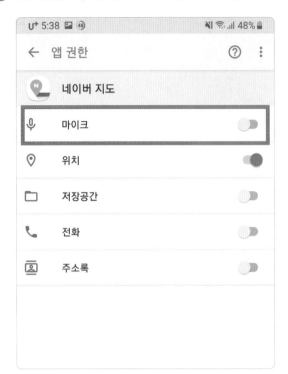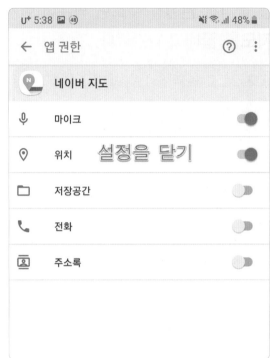

06 네이버 지도를 다시 실행한 후 상단의 **마이크**를 터치한 후 찾고자 하는 지역명이나 건물명을 말해보세요.

■ 네이버의 권한에 마이크를 켜고, 번역앱은 주소록을 끄고, 갤러리는 위치를 켜보세요.

01 알림표시줄의 내려서 설정을 누른 후 스마트폰 가장 아래로 이동하면 **개발자 옵션**이 있는데 없을 경우에는 **휴대전화 정보**를 누릅니다.

02 휴대전화 정보 창이 열리면 **소프트웨어 정보**를 터치한 후 **빌드번호**를 **7번** 터치합니다.

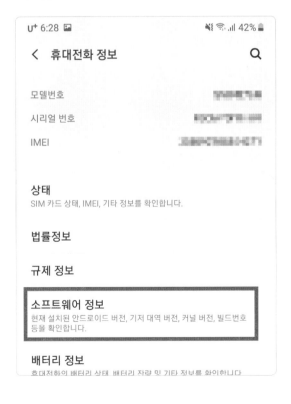

03 스마트폰 뒤로 버튼을 2회 눌러서 설정 첫 화면이 나오고 휴대전화 정보 아래에 **개발자 옵션**이 나온 것을 누릅니다. 이제 본격적으로 속도를 빠르게 변경하기 위해 **창 애니메이션 배율**을 선택합니다.

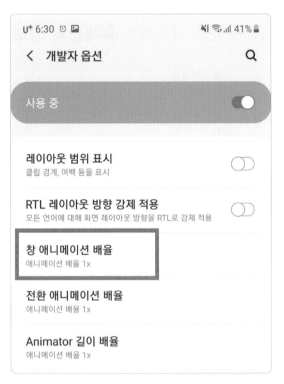

04 애니메이션 배율이 1x으로 설정된 것을 **애니메이션 사용 안함**으로 변경한 후 전환 애니메이션 배율, Animator 길이 배율을 모두 사용 안함으로 변경하면 스마트폰의 화면전환할 때 화려한 감은 사라지지만 속도는 빨라지게 됩니다.

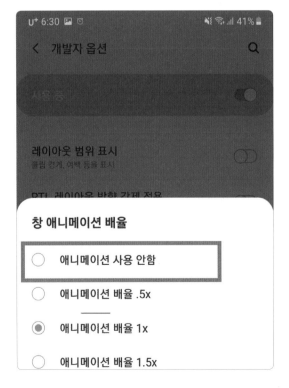
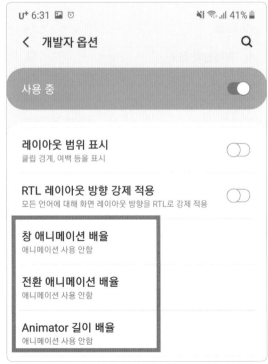

05 이번 작업은 인터넷 브라우저의 속도를 빠르게 하는 방법으로 특히 GIF(움짤)로 사진을 많이 볼 경우에 속도가 빨라집니다. 개발자 옵션에서 로거 버퍼크기를 선택한 후 최대 큰 용량을 선택합니다.

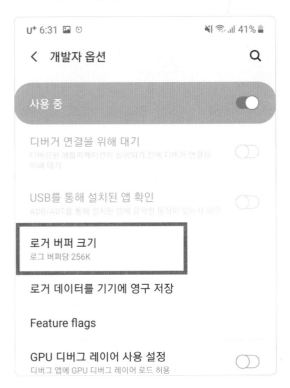

■ 로거버퍼 크기가 늘어날수록 한 번에 로딩하는 양이 많아지므로 체감적으로 빨라지기는 하는데 로거버퍼 크기가 늘어날수록 지연시간도 같이 늘어납니다. 쉽게 예를 들면, 1000권의 책을 10권씩 옮기느냐 100권씩 옮기느냐의 차이로, 10권씩 옮기면 왔다갔다는 속도는 빠르지만 여러 차례 옮겨야하고, 100권씩 옮기면 왔다갔다 속도는 느리지만 적은 횟수로 왕복하게 됩니다. 장단점은 모두 존재하는데 온라인 게임처럼 지연시간이 중요한 경우엔 버퍼 크기가 작을수록 좋을 때도 있습니다. 다만, 스마트폰 성능도 발전하고 5G 시대로 도래하며 지연시간도 많이 줄어든 현재는 의미 없는 기능일 지도 모르지만 상황에 맞도록 사용하세요.

■ 버퍼 크기가 너무 크면 스마트폰 마이크와 사운드 처리 속도가 느려집니다. 마이크를 사용하여 녹음을 할 때 버퍼 크기가 너무 작은 경우 처리 속도 시간이 느리기 때문에 스마트폰에서 오디오 또는 녹음을 처리하는 데 문제가 발생하게 됩니다. 기존에 설정된 값인 256K를 사용하는 것이 좋습니다.

🖱 배터리 기본상식

스마트폰에서 배터리는 가장 중요한 부품중 하나로 우리가 사용하는 거의 모든 스마트폰에는 리튬 이온 배터리가 사용되고 있습니다. 내부에 가스가 발생하면서 배터리가 부풀어 오르는 '**스웰링 현상**'이 발생할 수 있다는 단점이 있는데 스웰링 현상은 사용 시간이 오래될수록 조금씩 발생지만, 과방전 또는 과충전 상태로 오래 방치하면 더 빨리 발생하게 됩니다. 스웰링 현상이 나타나더라도 충전과 사용이 어느 정도 가능하지만, 배터리의 수명이 급격하게 짧아졌다고 볼 수 있으며, 특히 배터리가 부풀어 오르면 액정 패널 등 주변의 다른 부품을 손상시킬 수도 있기 때문에 스웰링 현상을 보게 되면 곧 바로 배터리를 분리시키고 폐기하세요.

출처. KT공식 블로그(라이프 팁&톡)

▶ 배터리 충전은 언제?

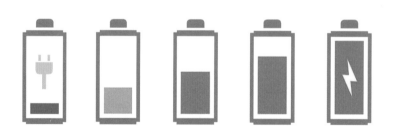

출처. KT공식 블로그(라이프 팁&톡)

스마트폰은 20대80 법칙으로 20~80 퍼센트가 남았을 때 충전을 하는 것이 좋습니다. 80% 이상 남았을 경우는 충전을 할 필요가 없으며 20% 이상 남았을 때 충전을 하는 것이 좋습니다. 밤샘 충전하면 안되는 이유는 스마트폰이 100% 충전되면 충전이 멈추지만 99%가 되면 다시 충전이 시도되므로 배터리수명이 단축됩니다.

▶ 100% 충전이 진짜일까?

100% 충전이 다 됐다고 확인되면 바로 충전기 콘센트를 뽑는데 100% 충전됐어도 계속 꽂아 두면 더 충전될 수 있습니다. 스마트폰의 충전율은 전압을 재어 표시되는데, 전지 내부의 리튬이온까지 전압이 충분히 확산되기까지 시간이 걸리기 때문입니다. 그렇기 때문에 표면은 충전된 상태라고 볼 수 있어도 내부까지 완전히 충전됐다고는 말할 수 없습니다. 따라서 100% 표시가 되어도 아직 완전히 충전되지 않은 상태일 수 있으므로 계속 꽂아두는 것이 좋습니다. 다만 손상된 배터리나 충전선, 정품이 아닌 충전기를 이용할 경우 화재의 위험이 있을 수 있어 부재중 상황에서 장시간 충전하는 것은 피하는 것이 안전합니다. 100% 충전되었다는 표시가 되었을 때 5-10분 정도를 더 충전하세요.

▶ 배터리 용량 20% 이상 유지하기

배터리 용량을 20% 이하로 떨어지지 않도록 유지하는 것도 중요한데 스마트폰 배터리가 방전되도록 두는 것 또한 배터리에 부담을 주기 때문입니다. 배터리의 지속시간이 적으면 적을수록 배터리 수명이 더 빨리 닳는다는 것을 기억해야 합니다.

▶ 정품 충전기 사용하기

스마트폰 단말 구입 시 함께 제공되는 정품 충전기를 잃어버렸을 경우,
가격 때문에 비정품 충전기를 사용하는 경우가 많이 있는데, 편의점의 급속 충전기 등 비정품 충전기를 사용하면 배터리의 수명을 단축시킬 위험이 큽니다. 삼성전자, LG전자 고객센터에서 정품 충전기로 안전하고 정상적으로 충전해서 배터리를 오래오래 사용하시기 바랍니다.

▶ 배터리 오래 사용하려면

1) 위치 서비스 GPS, NFC, 블루투스, 와이파이 등 잘 사용하지 않는 기능은 꺼두기
2) 당장 사용하지는 않지만 백그라운드에서 대기중 인 앱은 종료하기(작업내역 버튼을 눌러서 모두 닫기를 합니다)
3) 화면 밝기를 너무 밝게 사용하지 말고 적당하게 조절하기
4) 배터리 절약 모드 사용하기

🖱 내 스마트폰 배터리 용량

01 알림표시줄을 아래로 드래그해서 **설정**을 누른 후 가장 아래로 이동해서 **휴대전화 정보**를 누릅니다.

02 **배터리 정보**를 누르면 배터리 상태, 잔량, 용량이 표시가 되는데 4300mAh로 스마트폰에 장착된 배터리 용량이 나타납니다.

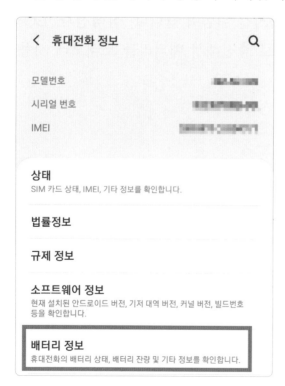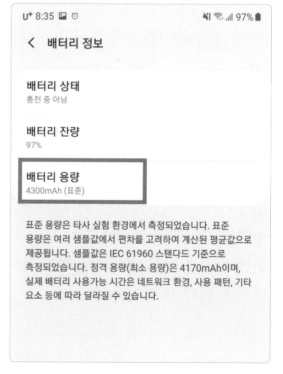

🖱️ 스마트폰 배터리 수명 알아보기

01 Play 스토어에서 AccuBattery 앱을 설치한 후 열기를 하면 오른쪽 화면과 같이 배터리의 유지시간을 대기상태에서 17시간 48분을 화면이 켜있을 때의 남은 시간 6시간 48분을, 화면을 끄고 아무것도 사용하지 않을 때 62시간 10분을 남기고 있음을 알려주고 있습니다.

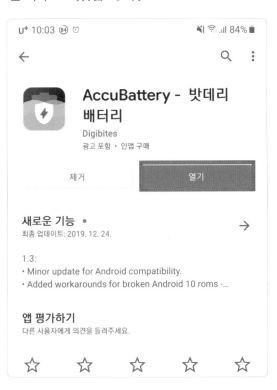

02 하단의 배터리 사용량에서 **수명** 버튼을 터치하면 배터리 수명의 설계 용량과 추정 용량(남은 수명)이 보입니다.

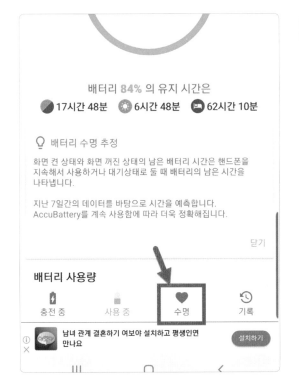

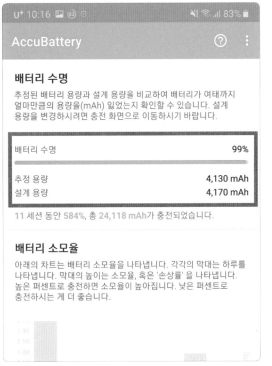

🖱 mA와 mAh의 차이

mA(milli Ampere, 밀리암페어)와 mAh(milli Ampere hour, 밀리암페어아워)는 전혀 다른 뜻을 나타내는 단위입니다. mA는 전류의 크기를, mAh는 1시간 동안 흐르는 전류량을 표시하는 단위입니다. 떨어진 거리를 나타내는 km와 시속을 뜻하는 km/h(킬로미터 퍼 아워)의 차이를 생각하면 쉽게 이해할 수 있습니다.

mA는 전선을 타고 흐르는 전기의 양인 전류의 기본단위 A(암페어)와 국제단위계(International System of Units, SI)가 단위의 양을 쉽게 나타내기 위해 정한 접두어 m(mili, 밀리)가 합쳐진 것으로, m(밀리)는 1/1000을 뜻하며, 1A는 1000mA와 같습니다. 이는 거리 단위인 1mm(밀리미터)가 1m(미터)의 1/1000라는 것과 마찬가지입니다.

mAh 앞에 붙은 m 역시 mA와 마찬가지로 mAh가 Ah의 1/1000임을 나타낸다. Ah(암페어아워)는 '전류 × 전류가 흐른 시간'을 나타내기 때문에 실제 배터리의 사용시간을 짐작할 수 있습니다.

예를 들어 3,000mAh 용량의 배터리는 100mA의 전자기기를 30시간, 500mA의 전자기기를 6시간 정도 사용할 수 있는데 같은 조건이라면 mAh의 숫자가 클수록 전자기기를 오래 사용할 수 있게 되는 것입니다.

▶휴대용 보조배터리 구매는 이렇게 합니다.

보조배터리를 구입할 때 유심히 봐야할 부분은 용량으로 보조배터리도 충전방식의 배터리이기 때문에 저장할 수 있는 전력량에는 한계가 있습니다. 최근 이슈가 되고 있는 중국 스마트폰 제조사 '샤오미'의 보조배터리를 예로 들어보겠습니다.

출처 : 샤오미 홈페이지

'Mi Power Bank'라 불리는 이 제품은 10,400mAh 용량을 갖고 있습니다. 가격도 저렴해서 국내에서도 많은 사람들이 구매하고 있습니다. 정품과 가품 여부를 떠나 저장 용량 대비 가격 때문에 사랑 받고 있는 제품입니다.

사진을 보면 10,400mAh라고 표기되어 있고 오른쪽에는 출력 DC 5.1V / 2.1A에 정격 용량은 3.6V / 10,400mAh (37.44Wh)라는 것도 볼 수 있습니다. 이 부분이 보조배터리 스펙 중 가장 중요한 부분입니다. 출력 전압이 5.1V에 2.1A인 부분을 보면, 이 제품은 스마트폰 충전기보다 더 높은 전압을 이용해 충전을 한다고 볼 수 있습니다. 보통은 5V를 사용하고 전류도 2A이기 때문인데 샤오미 보조배터리는 충전 속도가 정품 충전 케이블을 사용하는 것보다 약간 더 빠르다고 할 수 있습니다.

3,000mAh를 사용하는 스마트폰 배터리를 충전한다고 가정한다면 10,400mAh / 3,000mAh = 3.46회라는 공식대로 3회 이상 완충할 수 있을까요? 그렇지 않습니다. 실제 충전에 필요한 용량은 '전력량'을 계산해서 산출해야 합니다. 샤오미 Mi Power Bank 전력량은 다음과 같습니다.

10,400mAh × 3.6V = 37.44Wh

그리고 여기에서 나온 전력량(37.44Wh)를 출력 전압으로 나눠주면 실제 사용 가능한 전류량이 나옵니다.

37.44Wh / 5.1V = 7,341mAh

샤오미 제품이 5.1V 출력이라 이렇게 계산을 한 것이고 보통은 5V를 사용하니 제품 스펙에 맞게 계산하시면 됩니다. 그렇다고 7,341mAh 전부를 핸드폰 충전에 쓸 수 있는 것은 아닌데요. 3.6V에서 5.1V로 전압을 올리면서 발생하는 에너지 손실을 계산해야 합니다. 보통은 이 효율을 80% 정도로 보고 있는데, 샤오미 홈페이지에서는 이 제품의 변환 효율을 93%라고 써 놨으니 이대로 계산을 해보겠습니다.

Mi Power Bank 사용 가능 전류량 = 7,341 × 0.93 = 6,827.72mAh

약 6,828mAh가 실제 핸드폰 충전에 사용하는 전류량입니다. 이것을 기반으로 3,000mAh 배터리를 충전한다면 약 2.27회 완전 충전이 가능한 것입니다. 품질이 좋은 제품은 80~90%까지 되지만, 그렇지 못한 제품은 70% 정도가 되는 것도 있습니다. 그래서 똑같은 10,400mAh라도 충전 횟수가 달라질 수 있다는 것 명심해야 합니다.

이렇게 복잡한 계산식식으로 보조배터리 용량 계산을 했는데요. 간단하게 계산하려면 **전류량(mAh)×0.7**로 계산하면 **7,341×0.7=5,138.7**로 정확하지는 않지만, 어느 정도의 근사치 값은 얻을 수 있으니 참고하시기 바랍니다. 지금까지 휴대용 보조배터리 용량 계산법을 알아봤는데 이제는 겉에 써 있는 숫자 하나만 보고 충전 횟수를 짐작하는 실수는 하지 않으리라 생각합니다.

🖱 고속 충전이 안되는 이유

스마트폰 충전기를 퀵차지(빠른 충전)이 되는 것으로 구매를 한 후 스마트폰 배터리를 충전하는데 이상하게 예전과 동일하게 충전시간이 걸릴 경우가 있는데 첫 번째, 스마트폰 자체에서 고속충전을 지원하지 않을 경우가 있지만 요즈음 스마트폰은 고속충전을 지원합니다. 아래처럼 따라해주면 고속충전을 할 수 있게 됩니다.

01 알림표시줄을 아래로 드래그해서 **설정**을 실행한 후 **디바이스 케어(디바이스 관리)**를 눌러서 **배터리** 버튼을 터치합니다.

02 오른쪽 상단의 **삼점(메뉴)**를 눌러서 **설정**을 선택합니다.

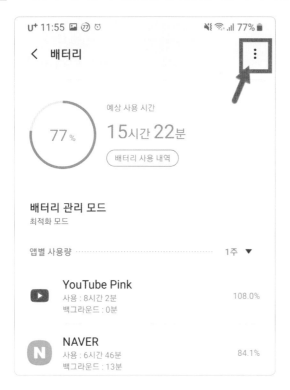 

03 충전 그룹에 **고속 유선 충전**과 **고속 무선 충전**이 꺼져 있는 것을 확인할 수 있습니다. 두개를 터치해서 켜주면 고속충전이 됩니다.

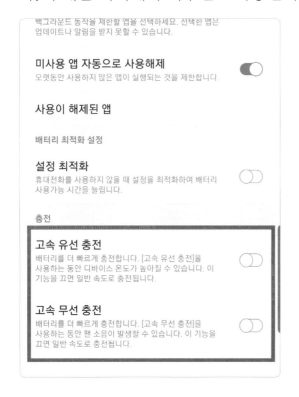 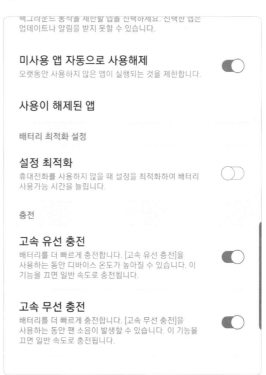

04 반드시 스마트폰을 구입할 때 제공되는 충전기를 사용하는 것이 가장 좋은 고속충전기입니다.

01 앞에서 AccuBattery 앱을 설치한 후 알림표시줄에 배터리 잔량이 계속해서 보이는데 알림을 끄려면 알림표시줄을 아래로 드래그한 후 AccuBattery를 오른쪽으로 약간만 드래그해서 **설정**을 누릅니다.

02 가장 상단에 있는 **알림 표시**를 터치해서 알림을 끈 후 **뒤로** 버튼을 눌러서 설정 화면을 빠져 나갑니다.

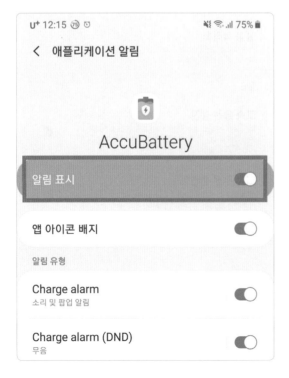 

03 알림을 다시 켜는 방법은 알림표시줄을 아래로 드래그한 후 **설정**을 선택한 후 **알림**을 누릅니다.

04 AccuBattery 앱을 터치하면 알림이 켜지게 되는데 만약 보이지 않으면 **모두 보기**를 눌러서 찾아서 터치한 후 알림표시줄을 내리면 알림이 켜져 있는 것을 확인할 수 있습니다.

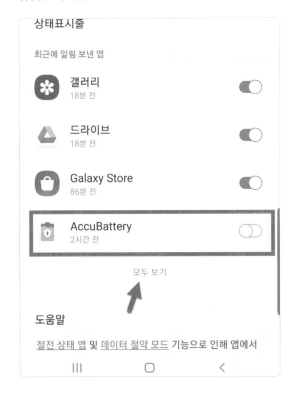

01 기본 **카메라** 앱을 찾아서 실행한 후 좌측 상단의 **설정** 버튼을 터치합니다.

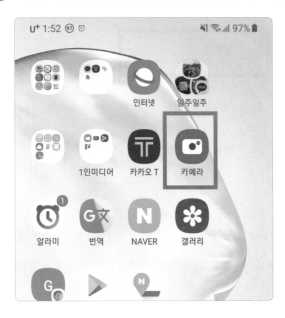

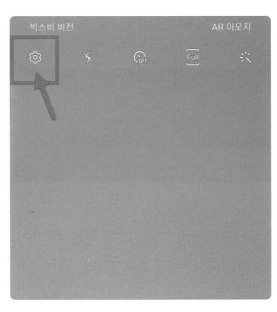

02 스마트폰 기종마다 약간의 차이가 있습니다. **촬영 버튼을 길게 눌렀을 때**를 선택한 후 **사진 촬영**으로 변경합니다.

■ 고속 연속 촬영은 움직이는 피사체를 촬영할 때 빠르게 연속 촬영하기 위한 기능으로 풍경이나 인물을 촬영할 때는 꺼두는 것이 좋습니다.

03 동영상 그룹에서 **후면 동영상 크기**를 아래와 같이 설정하는 것이 좋습니다. FHD (Full HD)는 1K라고도 부르는데 **16:9의 해상도**를 터치합니다.

04 UHD가 있으면 4K를 촬영할 수 있지만 대상추적을 못하므로 FHD 1920x1080으로 설정합니다.

05 촬영시 노출을 높고 낮은 장면을 순간적으로 동시에 각각 찍은 후 이 2개의 이미지를 합성함으로서 밝은 곳과 어두운 곳이 모두 잘 보이게끔 적절히 담아내는 이미지 후처리 방식이므로 **필요시 자동 적용**을 사용하도록 합니다.

- HDR 기술은 영상의 명암을 더 세밀하게 표현해 주기 때문에 명암에 따른 디테일한 부분들도 한 가지 색으로 뭉쳐지지 않고 또렷하게 나누어 보여주는데, 이로 인해 영상에서 느끼는 입체감이 더 커지는 효과도 함께 나타납니다.

06 대상 추적 AF는 피사체가 움직이면 자동으로 초점을 맞춰주므로 반드시 켜두고, **수직/수평 안내선**을 눌러서 **3x3**을 선택합니다.

■ 3x3 안내선을 황금구도라고 하는데 안내선을 사용하게 되면 사진의 구도를 설정하기 편리하게 됩니다. 인물 사진의 경우 눈의 구도와 방향을 아래처럼 설정할 수 있게 됩니다. 풍경을 촬영할 때 수직과 수평의 위치를 설정하기 편하며 소실점의 위치를 설정하기도 편하게 됩니다.

07 **위치 태그**를 켠 후 카메라로 촬영을 하게 되면 갤러리에서 촬영한 장소를 볼 수 있습니다. 카메라로 지금 5장 정도를 촬영한 후 갤러리에서 방금 촬영한 사진을 선택합니다.

■ 사진을 크게 본 상태에서 오른쪽 상단에 **삼점(메뉴)**를 누른 후 **상세정보**를 선택합니다.

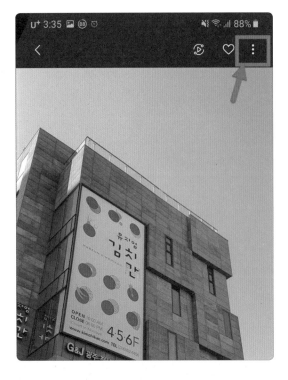 

- 상세정보에 위치가 표시가 되는데 만약 위치가 표시되지 않으면 갤러리 앱을 길게 눌러서 앱 정보에서 권한에서 위치를 켜주면 됩니다. 오른쪽으로 빨간 포인트가 촬영된 장소입니다. 122장이 여기서 촬영된 것을 알려주며 이곳을 터치합니다.

- 갤러리 하단에 사진들이 보이는데 아무 사진이나 터치하면 크게 보이며 스와이프하면 이전/다음 사진이 나오며 **뒤로** 버튼을 누릅니다.

08 **카메라 모드**를 선택한 후 **모드 편집**을 누릅니다. 이번 설정은 카메라앱에서 자주 사용하지 않는 기능을 해제할 때 사용합니다.

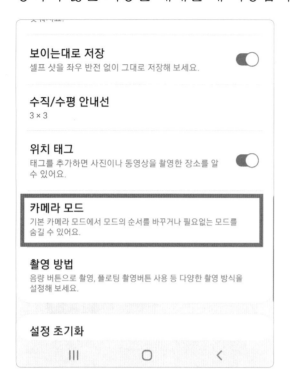
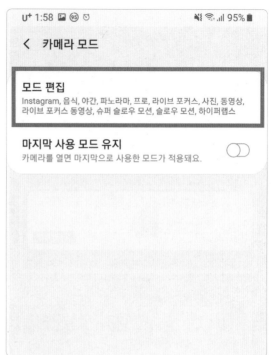

■ 모드 편집에서 아래의 3가지만 선택하도록 한 후 **뒤로** 버튼을 눌러서 **마지막 사용 모드 유지**를 선택해서 다음에도 카메라 앱을 열면 동일한 모드로 작업하도록 합니다.(마지막에 동영상을 촬영중이었다면 다시 카메라앱을 실행하면 동영상 촬영부터 되도록 설정됨)

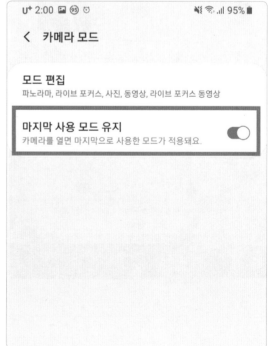

■ 카메라 설정을 끝낸 후 카메라 하단의 모드가 3개만 보이는 것을 확인할 수 있습니다. 다시 좌측상단의 **설정** 버튼을 누릅니다.

09 카메라 설정화면에서 **촬영 방법**을 누른 후 **플로팅 촬영버튼**을 활성화 합니다. 플로팅 촬영버튼은 카메라 화면에 이동할 수 있는 셔터가 만들어 집니다.

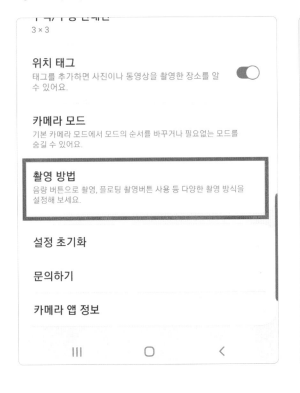

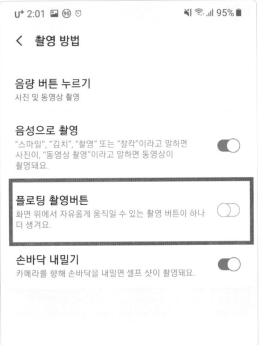

■ 카메라 중앙에 플로팅 버튼이 보이면 드래그해서 왼쪽으로 이동시킨 후 왼손으로 촬영해 보세요. 다시 좌측상단의 설정 버튼을 눌러서 카메라 설정화면을 열어줍니다.

10 촬영방법에서 **손바닥 내밀기**를 활성화한 후 카메라로 되돌아간 후 **셀카모드**로 전환합니다. 손바닥으로 얼굴을 가린 후 잠시 후 손바닥을 카메라 밖으로 옮기면 셀카 사진이 촬영이 됩니다.

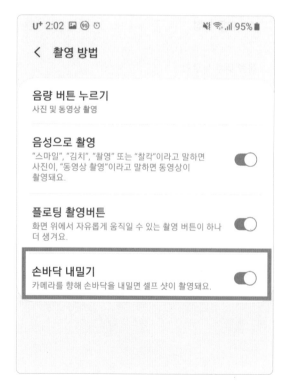 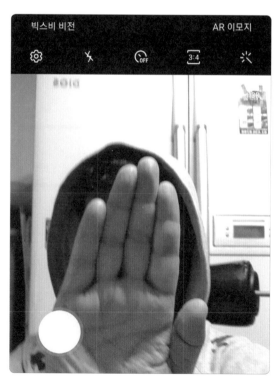

라이브 포커스는 듀얼카메라로 찍은 사진을 소프트웨어적으로 아웃포커스를 만드는 기능입니다. 아웃포커스란, 피사체에 초점을 맞추고, 그 외의 배경은 흐릿하게 "아웃" 시키는 기능입니다. 렌즈(조리개값)가 커야만 촬영할 수 있는 기능이라 렌즈교환식 DSLR의 전유물 같은 것으로 알려져 있는데 갤럭시 스마트폰의 **라이브 포커스**는 물리적으로 초점의 심도가 낮을 수밖에 없는 렌즈를 가진 스마트폰으로도 DSLR과 같은 아웃포커스를 가능토록한 기능입니다. 촬영후 편집에서 적절한 아웃포커스의 양을 조절할 수 있는데 일반 SLR 카메라를 사용할 때, 아웃포커스의 적절한 양을 알기 위해서는, 단순하게 여러 장 찍으며 확인하는 수밖에 없는데 스마트폰에서는 라이브 포커스로 촬영한 사진을 갤러리에서 심도를 마음대로 조절할 수 있다는 점이 매력적입니다.

01 **카메라** 앱을 실행한 후 ❶**라이브 포커스**를 선택하고 ❷**망원렌즈**를 선택합니다. 대상과의 거리가 가까우면 "대상과의 거리를 1–1.5m 정도로 유지하세요"라는 메시지가 나오고, 대상과의 거리를 적정히 유지하면 "사진에 효과가 적용돼요"라는 메시지가 나오며 배경 흐리기를 선택할 수 있습니다. 갤러리 앱에서 방금 촬영한 사진을 선택합니다.

02 **배경 효과 변경** 버튼을 누르면 **블러**의 정도를 좌로 이동시켜서 심도를 깊게 조절할
수 있습니다.

 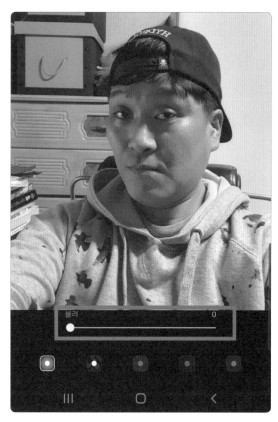

03 블러의 정도를 오른쪽으로 이동해서 심도를 얕게 해준 후 상단의 적용 버튼을 눌러서
저장합니다.

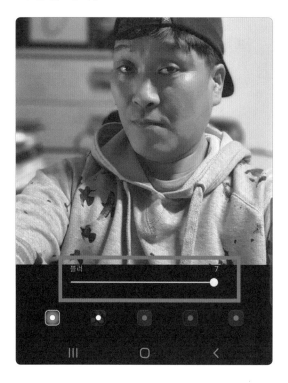 

04 **배경 효과 변경**을 다시 눌러서 하단에 보면 빅서클, 스핀, 줌, 컬러포인트를 각각 선택해서 변화되는 라이브 포커스를 확인합니다.

05 오른쪽 상단의 적용을 누르면 저장이 되며 언제나 포커스의 값은 변경할 수 있습니다.

스마트폰 카메라로 촬영하게 되면 보통 자동으로 설정된 기능을 이용하게 되어 모두 동일한 느낌의 사진 결과를 얻게 되는데 나만의 독특한 감성을 표현하고 싶을 때는 자동보다는 수동으로 촬영을 하면 되지만 어려운 용어가 걸림돌이 되어 다시 자동으로 촬영하게 되는데 이번 시간에는 사진촬영의 기본인 노출 값에 대해 알아보도록 하겠습니다.

🖱 노출(Exposure)

사진을 찍을 때 '조리개 우선 모드', '셔터 우선 모드'가 있는 것을 볼 수 있는데 이 둘은 사진의 노출을 결정하는 요소들입니다. 조리개를 열고 조이면서, 셔터 속도를 빠르게 혹은 느리게 하면서 자신이 원하는 사진을 얻어낼 수 있지만 이 둘이 사진의 노출을 모두 결정하는 것은 아닙니다. 조리개, 셔터, 여기에 ISO감도가 추가됩니다. 한 마디로 노출이란 카메라에 빛이 얼마만큼 들어오는지를 말하는 것입니다.

▶ 조리개

F/2.8　　F/4　　F/5.6　　F/8　　F/11　　F/16　　F/22

좌로 갈수록 빛의 양이 많아짐 (출처: 위키백과)

조리개는 흔히 사람 눈의 동공에 비유되는데 피사체는 또렷하게 배경은 흐려지게 하는 아웃포커싱 효과도 줄 수 있는데 보통 우리가 사물을 가까이에 두고 눈을 크게 뜨면 아웃포커싱 효과를 느낄 수 있는데, 마찬가지로 스마트폰 카메라를 피사체에 가까이 두고 조리개를 최대 개방하면 됩니다. 반대로 야간에 가로등 불빛 아래서 눈을 조그맣게 뜨면 빛이 갈라져 보여 색다른 느낌을 주는데 이를 빛 갈라짐 효과라 하는데, 이때는 조리개를 조여주면 빛 갈라짐이 수놓은 멋진 야경을 촬영할 수 있습니다.

조리개 값	f1.4 → f2 → f2.8 → f4 → f5.6 → f8 → f11 → f16 → f22 → f32	
빛의 양	많다 ←――――――――――――→ 적다	
심도	얕다(out focus) ←――→ 깊다(pan focus)	

▶ 셔터 속도

셔터 속도는 셔터를 열어놓는 시간을 의미하는데 셔터 속도가 빠를수록(1/160, 1/500, 1/1000, 1/4000...) 이미지 센서에 상이 맺힐 수 있는 시간은 짧아지고 그만큼 적은 빛을 받아들이게 됩니다. 강아지 또는 고양이의 순간적인 움직임을 담기 위해서 빠른 셔터 속도가 필요합니다.

반대로, 셔터 속도가 느려질수록(1/30, 1/15, 1/8...) 이미지 센서에 상이 맺히는 시간은 길어지고, 받아들이는 빛의 양이 많아집니다. 계곡 물의 흐름이나, 야간에 자동차의 불빛의 궤적 등을 담을 때 느린 셔터 속도를 사용합니다.

날씨가 화창하게 좋은 날은 셔터 속도를 1/250초보다 빠르게, 야경이나 광량이 부족한 실내는 셔터 속도를 1초에 가깝게 조절한 후 촬영하는데 이때 흔들리는 사진이 발생하므로 삼각대를 이용하는 것이 좋습니다.

▶ ISO(감도)

사진은 광량이 풍부한 주간에 주로 촬영을 하지만 어두운 실내나 야간에도 촬영하는 경우 조리개와 셔터스피드 만으로 빛을 제어하기에는 한계가 있을 때 카메라의 ISO 설정을 이용하면 유용합니다. ISO는 빛이 양을 조절하는 핵심 노출 값으로 이미지 센서가 빛에 반응하는 감도를 뜻합니다. 따라서 ISO의 숫자 값이 높아질수록 감도는 올라가서 더 밝아지며, ISO 값은 증가할수록 디테일과 채도가 저하되고 노이즈가 증가하여 사진의 화질이 떨어지는 단점이 생기기 때문에 적절한 수준으로 설정해야 합니다.

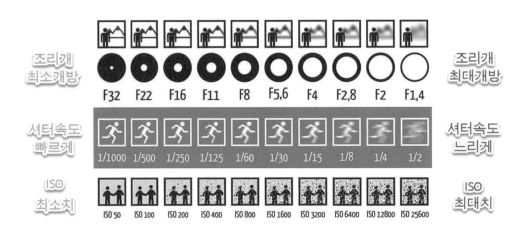

아래의 표는 조리개와 셔터, ISO와 셔터의 설정값입니다.

조리개	F1.4	F2	F2.8	F4	F5.6	F8	F11	F16	F22	F32
셔터	1/1000	1/500	1/250	1/125	1/60	1/30	1/15	1/8	1/4	1/2

ISO	50	100	200	400	800	1600	3200	6400	12800	25600
셔터	1	1/2	1/4	1/8	1/15	1/30	1/60	1/125	1/250	1/500

▶ 수치의 기준

- 맑은 날, 실외 ISO 값 100
- 흐린 날, 실내 ISO 값 200 ~ 400
- 다소 어두운 장소 ISO 400 ~ 1600
- 야경 ISO 1600 / 3200 정도

🖱 노출 따라하기

01 스마트폰 카메라를 실행하면 자동모드로 설정되어 있는데 화면에 터치하면 노출을 조절할 수 있는 스마트폰과 프로모드에서 노출을 조절하는 최신 스마트폰이 있습니다.

02 먼저 노출이 자동모드에서 되는 경우 피사체에 터치를 한 후 노출이 가운데인 상태와 왼쪽과 오른쪽으로 이동하면서 각각 촬영한 후 갤러리에서 비교해 봅니다.

03 카메라 앱을 실행한 후 **설정 – 카메라 모드 – 모드 편집 – 프로**를 설정합니다.

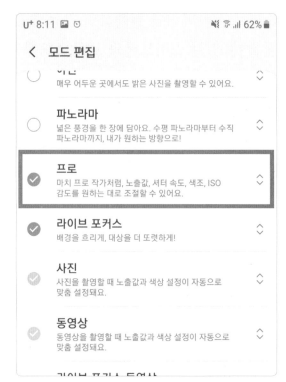

04 ❶**프로** 모드를 선택한 후 노출 0.0에서 촬영을 하고 ❷**노출(+/−)**을 선택한 후 노출 게이지를 왼쪽으로 드래그한 후 촬영을 합니다.

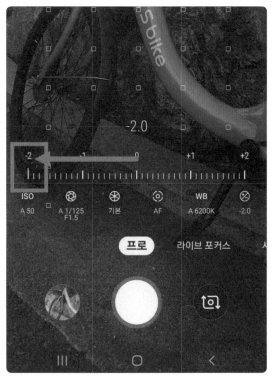

05 노출 버튼을 다시 누를서 노출 게이지를 오른쪽으로 이동하면 밝게 처리한 후 촬영합니다. 노출을 0.0으로 다시 조정해줍니다.

▶ **역광사진 잘 찍기**

노을 지는 배경에서 인물을 찍으면 어두워서 사람은 잘 안 보이고 뒤에 하늘만 나옵니다.

'다분할'이나 '중앙'으로 찍으면 사람과 뒤의 배경까지 포함해서 평균적인 밝기를 계산하는데 배경이 너무 밝다보니 사람이 안 나옵니다.

스팟측광을 사용하면 밝기를 측정하는 영역을 얼굴의 눈코입 정도로 좁혀줄 수 있어서 뒤의 배경의 밝기는 무시하고 얼굴의 밝기만 측정하므로 사람을 중심으로 찍을수 있습니다.

반사판을 카메라쪽에서 피사체쪽으로 향하면 괜찮은 사진을 얻을 수 있습니다.

🖱 측광 변경하기

01 프로 모드에서 상단에 **측광** 버튼을 누르면 3가지가 나옵니다. 기본은 **측광(중앙)**입니다. 이 상태에서 피사체에 포커스를 맞춘 후 촬영합니다.

02 측광(다분할)로 설정한 후 피사체에 포커스를 맞춘 후 촬영하고, 측광(스팟)으로 설정한 후 파사체에 포커스를 맞추고 촬영합니다.

🖱 실루엣 사진 촬영하기

01 실루엣 사진은 역광 속의 하늘, 해가 뜨고 지는 하늘, 그리고 빛이 들어오고 있는 터널 등 순수하게 빛으로 채워진 공간이라면 언제든지 표현 가능합니다. 흔들림을 최소화할 수 있는 곳에 카메라를 거치하거나 삼각대를 사용해 촬영하는 것이 좋습니다.

02 ISO는 100으로 설정하면 노이즈 없는 깔끔한 결과물을 얻을 수 있습니다.

03 측광의 종류는 스팟측광을 사용합니다. 다분할측광은 화면 전체의 빛 밝기를 측정하며, 중앙측광은 화면의 중앙부분의 빛의 밝기를 측정하는 방법이고, 스팟측광은 피사체의 한 부분에 비춰지는 빛의 밝기를 측정하는 측광법인데, **실루엣 촬영**처럼 역광에서의 인물사진이나 정물 촬영에도 많이 쓰입니다. 여기서는 **측광(스팟)**을 설정합니다.

04 **화면을 보며 노출 값**을 맞추면 됩니다. 실루엣 사진에서 가장 신경 써야 할 부분은 바로 노출인데 화면을 보면서 피사체의 실루엣이 가장 잘 돋보일 수 있는 노출 값으로 설정해주시면 됩니다. 노출 값이 -로 갈수록 실루엣은 더 극명하게 표현됩니다.

05 ❶**기본**을 눌러서 픽처스타일을 선택하는데 스마트폰 마다 차이가 있습니다. 실루엣을 촬영하기 위한 것이므로 ❷**선명한**을 선택합니다.

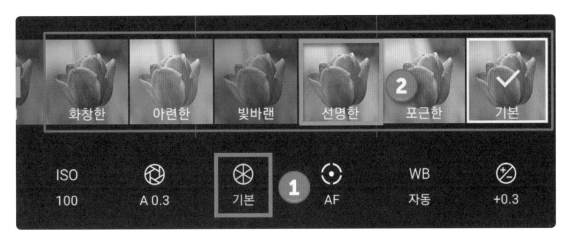

컬러를 뚜렷하게 보여주고자 하는 일출·일몰 촬영 때 주로 사용됩니다. 픽처스타일이 없는 스마트폰은 직접 설정 값을 더하거나 뺄 수 있는 화면이 나오게 됩니다. 아래와 같이 설정해 줍니다.

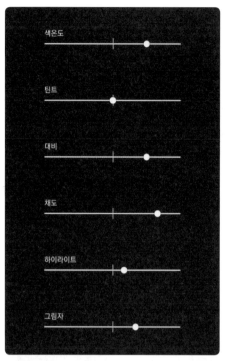

원하는 대로 설정 값을 조절한 후에 저장을 누르면, 촬영 결과물에도 적용이 되는데, 이러한 설정 값 변경을 통해 피사체의 윤곽과 배경의 컬러를 더욱 드라마틱하게 바꿔 줄 수 있습니다. 각 설정 값은 좌우 드래그로 조절 가능하며, 상단의 '저장' 버튼을 눌러 완료할 수 있습니다. 단, 촬영 후 설정 값을 기본으로 돌려놓지 않으면 계속해서 다음 촬영 결과물에 적용되므로 유의해야 합니다.

01 AF(자동포커스)를 터치하면 심도를 조절하는 게이지가 나옵니다. 가장 오른쪽은 풍경을 촬영할 때, 가장 왼쪽은 가까이 있는 꽃을 촬영할 때 사용합니다.

02 아래와 같이 심도를 조절해서 촬영해 보세요.

03 접사의 실제 촬영결과물입니다. 여러분도 심도를 조절해서 접사 사진을 촬영해 보세요.

04 심도 조절도 중요하지만 더욱 중요한 것은 구도입니다. 안내선을 이용해서 촬영하는 습관을 들여보세요.

🖱 구글에서 개발한 Snapseed

모든 스마트 폰에서 가장 강력한 편집기 중 하나이며 RAW 파일 사용가능, 선택 조정, 원근 보정, 원치 않는 개체 제거 등의 포토샵에서 할 수 있는 전문 편집기능을 몇 번의 터치로 쉽게 사용할 수 있습니다.

01 스냅시드를 설치한 후 실행하면 오른쪽 화면이 나옵니다. +를 눌러서 편집할 사진을 추가합니다.

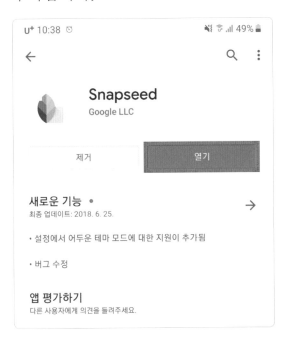

02 좌측 상단의 **메뉴**를 누른 후 **갤러리**를 선택하면 익숙한 갤러리에서 사진을 가져오게 됩니다.

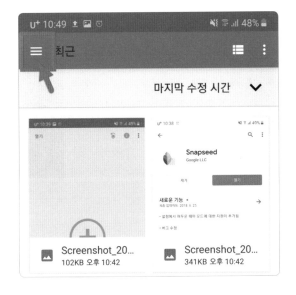
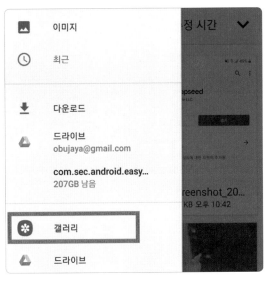

03 사진을 불러오게 되면 자동으로 스타일이 나오는데 원하는 스타일을 정한 후 **확인**을 합니다. **도구 – 기본 보정**을 차례대로 선택합니다.

04 **보정** 버튼을 눌러서 **대비**를 누른 후 상단에서 좌/우로 드래그해서 값을 적당하게 조절합니다.

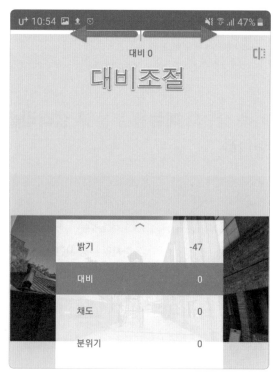

05 보정 작업이 끝나면 우측하단의 **내보내기**를 터치한 후 **내보내기**를 누르거나 **다른 폴더로 내보내기**를 누릅니다.

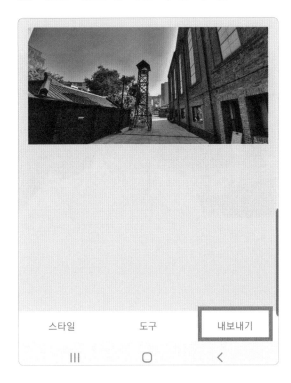
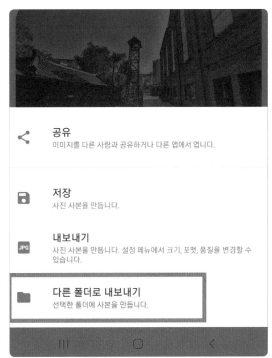

06 우측상단의 삼점을 누른 후 **새폴더**를 선택하고 폴더명을 입력한 후 **확인**을 누릅니다. 폴더로 이동이 되면 우측하단의 **저장**을 누릅니다.

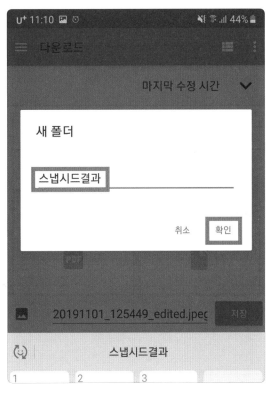

🖱 도구(얼굴방향) 사용하기

01 인물사진을 촬영한 후 스냅시드로 불러온 후 **도구 – 얼굴방향**을 선택한 후 얼굴을
터치합니다.

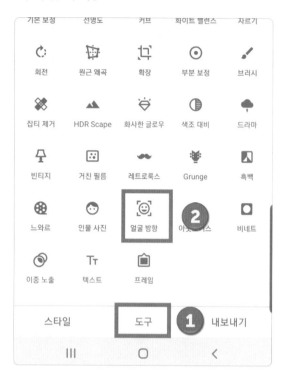

02 얼굴을 위로 드래그하거나 아래로 드래그해봅니다. 하단에 조절 버튼을 눌러서 눈을
크게 해봅니다.

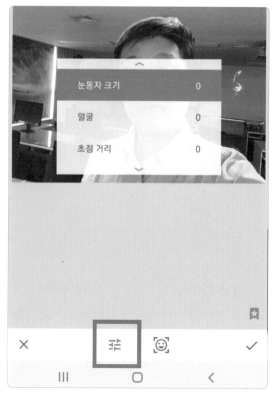

🖱 이런 기능도 해보세요

01 다양한 밝기 조절하는 커브와 옛날 사진 분위기를 내주는 빈티지를 선택해서 작업해 보세요.

02 카메라에 아웃포커싱이 안될 때는 스냅시드의 아웃포커싱을 사용해 보고, 프레임(액자)도 사용해 보세요.

🖱 설치 및 PC로 전송하기

01 Play 스토어에서 Send Anywhere를 설치하고 PC에서도 네이버 자료실에서 Send AnyWhere를 설치합니다.

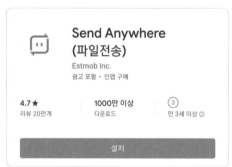

02 스마트폰에서 Send Anywhere를 실행한 후 **사진** 탭을 눌러서 PC에 옮길 **사진을 선택**한 후 **보내기**를 누르면 전송코드가 나타납니다.

03 PC에서 Send Anywhere를 실행한 후 받기에 **코드 6자리**를 입력한 후 **확인**을 누르고 다음 화면에서 **다운로드**를 클릭합니다.

04 PC에서 다운로드 폴더에 자동으로 다운로드가 시작되며 스마트폰에서는 전송되는 화면이 나옵니다.

🖱 PC에서 스마트폰으로 전송하기

01 PC에서 Send Anywhere를 실행한 후 파일전송 탭에서 **+(파일이나 폴더를 끌어다 놓으세요)**를 클릭합니다.

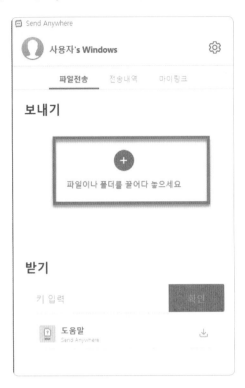

02 전송할 사진을 여러 장 선택한 후 **열기**를 클릭합니다.

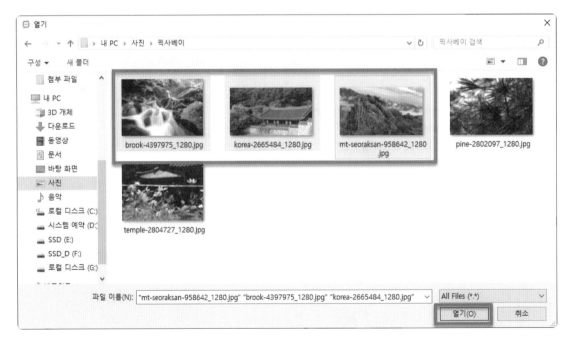

03 PC에 전송코드가 나타나면 스마트폰에서 **받기**를 누른 후 **키 6자리**를 입력합니다.(QR코드를 눌러서 인식해도 다운로드 됩니다)

04 자동으로 PC에서 스마트폰으로 전송되며 확인은 **갤러리**에서 Send Anywhere앨범에서 확인하면 됩니다.

🖱 네이버 클라우드 설정하기

01 Play 스토어에서 **네이버 클라우드**를 설치한 후 실행합니다.

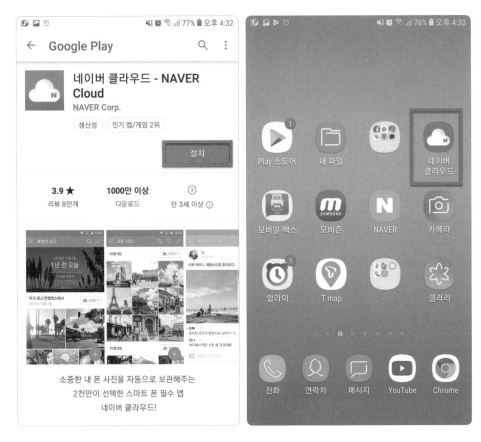

02 첫 화면이 특별한 순간이 나오는데 관리하기 위해 좌측상단의 메뉴를 눌러서 **환경설정** 버튼을 누릅니다.

03 보기설정 그룹의 **첫 화면 설정**을 누른 후 **폴더**를 선택 후 **뒤로** 버튼을 눌러서 이전 메뉴화면으로 되돌아간 후 설정창을 닫아줍니다.

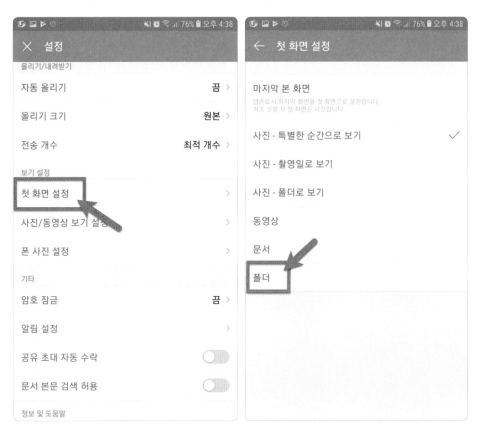

04 네이버 클라우드를 끝낸 후 네이버 클라우드를 다시 실행해서 첫 화면이 변경된 것을 확인합니다.

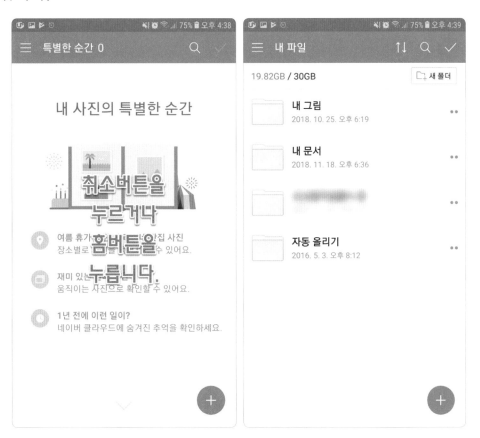

🖱 네이버 자동올리기 변경하기

네이버 클라우드 자동올리기를 설정에서 끄도록 합니다.

01 네이버 클라우드를 실행한 후 좌측 상단의 **메뉴**를 누릅니다.

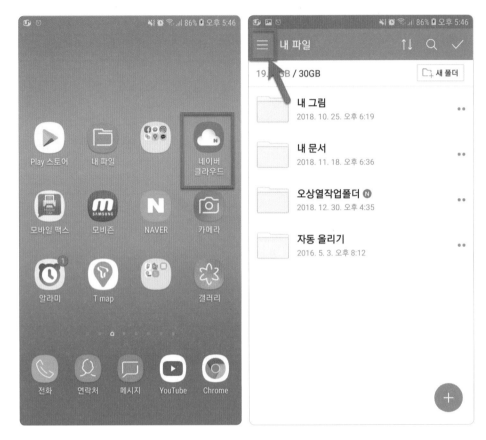

02 설정 버튼을 눌러서 **자동 올리기 허용**을 눌러서 꺼줍니다.

03 아래로 살펴보면 올리기/내려받기 그룹에 **자동 올리기가 켬**으로 되어 있으면 눌러서 **자동 올리기**를 눌러서 끕니다.

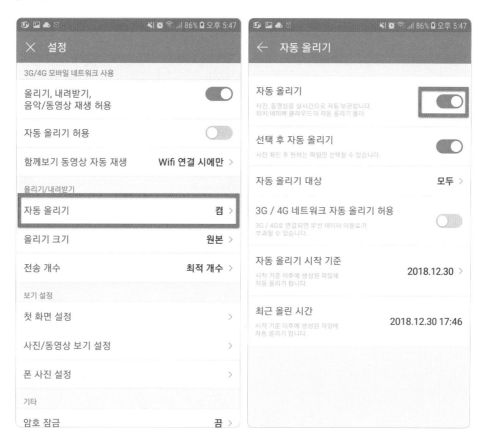

04 설정 화면에서 **자동 올리기 허용**을 하게 되면 3G/4G 네트워크를 사용해서 자동 올리기가 되므로 데이터 요금을 사용하게 됩니다

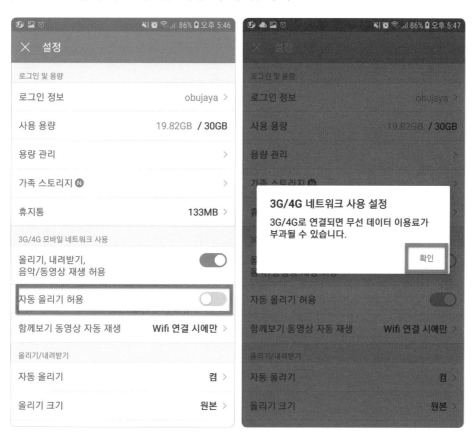

🖱 스마트폰 사진 클라우드에 올리기

01 상단에 보이는 **새폴더** 버튼을 누른 후 새 폴더 만들기에서 **폴더이름**을 입력한 후 **확인**을 누릅니다.

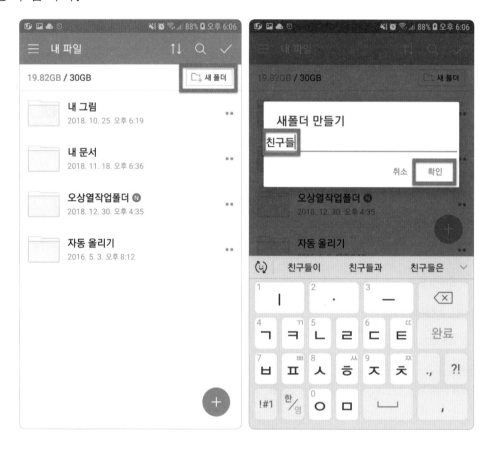

02 폴더가 이름 순서대로 보이는데 **+**버튼을 눌러 **사진**을 선택합니다.

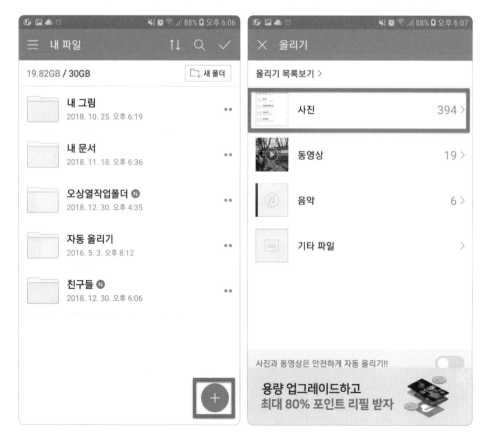

03 Camera를 선택해서 업로드할 사진을 몇 개 선택합니다.

04 스와이프를 해서 업로드 할 사진들을 선택했으면 우측하단에 **폴더변경** 버튼을 눌러 줍니다.

05 선택한 사진을 올릴 **폴더를 선택**한 후 화면 하단의 **선택완료** 버튼을 누른 후 **올리기** 버튼을 누릅니다.

06 선택한 사진이 올려지는 모습이 한참 진행된 후 상단에 보면 선택한 사진이 모두 올라갔으면 하단의 **완료 목록 삭제** 버튼을 누릅니다.

07 창을 닫은 후 알림표시줄을 아래로 드래그해서 네이버 클라우드 올리기 작업이 끝났다는 알림줄을 스와이프로 알림을 제거합니다.

08 사진이 업로드된 폴더를 터치해서 열어보면 사진이 없이 빈 폴더로 보이면 화면을 아래로 당겨서 **새로고침**을 해 줘야 사진이 보입니다.

🖱 클라우드 폴더 관리하기

01 네이버 클라우드를 실행한 후 폴더이름을 변경하기 위한 폴더 옆에 **..** 을 누른 후 **이름변경**을 선택합니다.(**스마트폰 크기별 화면은 다름**)

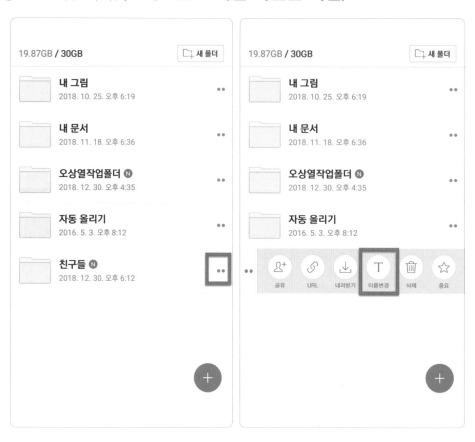

02 기존 폴더이름을 지우고 새로운 이름을 입력한 후 **확인**을 누릅니다.

03 새 폴더를 만들어서 폴더를 이동하도록 하는데 먼저 상단에 **새 폴더**를 눌러서 폴더 이름을 입력합니다.

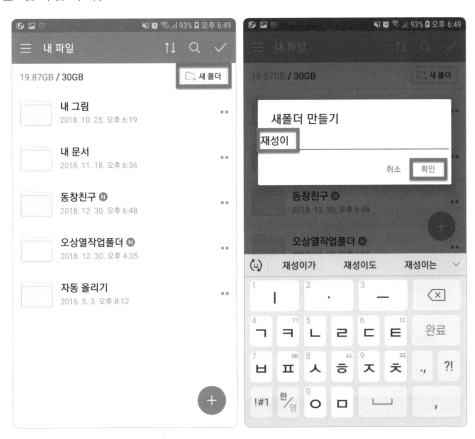

04 폴더가 만들어진 것이 보이는데 만든 폴더를 이동하기 위해서 길게 롱터치를 한 후 하단에 **이동** 버튼을 누릅니다.

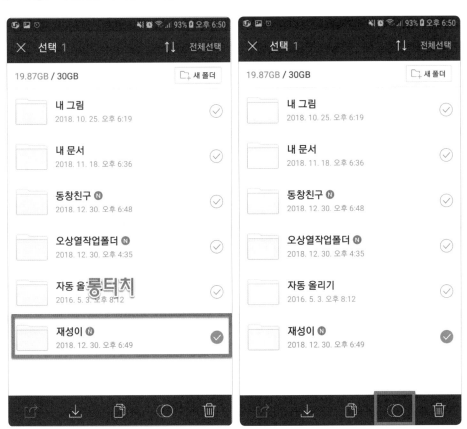

05 이동할 위치 폴더를 터치한 후 선택 완료를 누릅니다. 더 이상 세부폴더가 없으면 하단에 **선택 완료** 버튼을 누릅니다.

06 폴더가 이동이 되었으므로 좌측상단의 X 버튼을 눌러서 선택작업을 마무리한 후 폴더를 이동했던 **폴더이름을 터치**합니다.

07 이번에는 파일을 몇 개 선택한 후 이동작업을 해 보도록 합니다. 아래와 같이 선택한 후 **이동** 버튼을 누릅니다.

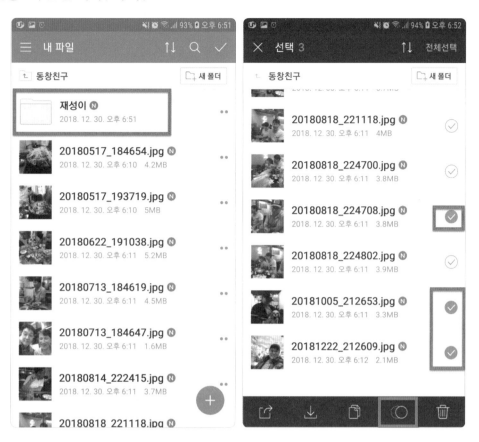

08 이동하려면 첫 폴더화면부터 나오는데 이동할 폴더를 선택하고 폴더선택이 끝나면 **선택 완료**를 누릅니다.

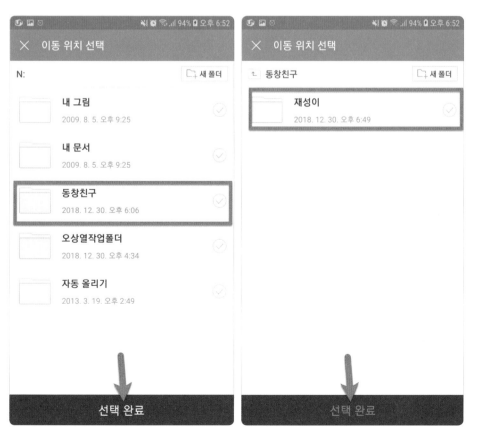

09 하단의 선택완료 버튼을 누르게 되면 선택한 사진이 화면에서 이동했다는 메시지가 하단에 보이는데 **닫기** 버튼을 누릅니다.

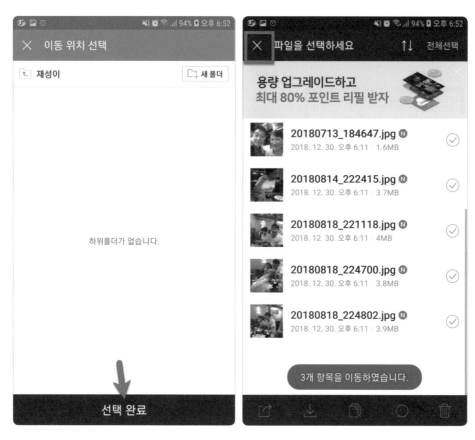

10 이동을 했던 폴더를 선택해서 들어가면 3개의 파일이 보이게 됩니다. 상위폴더로 가기 위해서 오른쪽 그림과 같은 곳을 누릅니다.

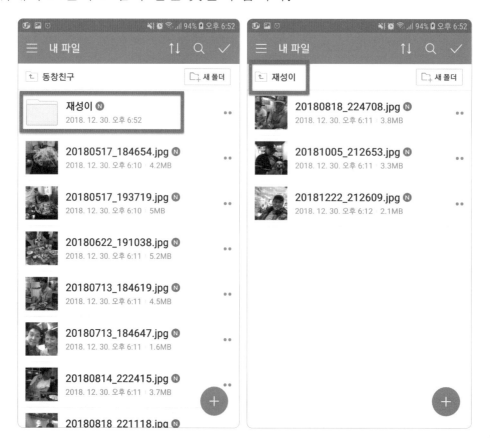

11 이번에는 파일이나 폴더를 삭제하기 위해 **..** 버튼을 눌러서 **삭제(휴지통)**를 누릅니다.

12 삭제된 항목은 휴지통에 보관된다는 메시지가 나오면 **예**를 눌러서 삭제를 합니다. 목록에서 방금 삭제한 이름이 사라졌습니다.

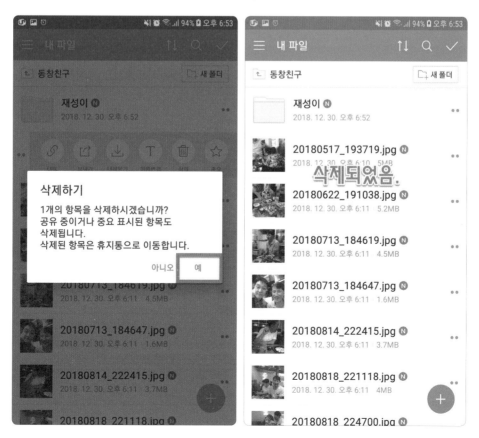

13 삭제를 했다고 해서 완전히 지워진 것이 아니고 휴지통에 보관되어 있으므로 용량을 확보하기 위해 휴지통을 비우는 작업을 합니다. 좌측상단의 **메뉴**를 누른 후 **환경설정** 버튼을 누릅니다.

14 설정에서 **휴지통**을 누른 후 상단의 **휴지통 비우기**를 누릅니다.

15 복구할 수 없다는 대화상자에서 **확인**을 누른 후 공간확보를 알리는 상자에서 **확인**을 다시 누릅니다.

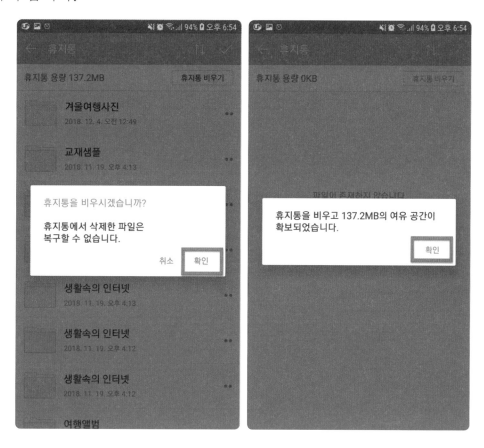

16 휴지통이 비었기 때문에 아무것도 보이지 않습니다. 좌측상단의 **뒤로** 버튼을 눌러서 휴지통의 크기가 **0B인 것을 확인**합니다.

🖱 폴더 공유하기

01 공유할 폴더의 **..(더보기)**를 눌러서 **공유** 버튼을 선택합니다.

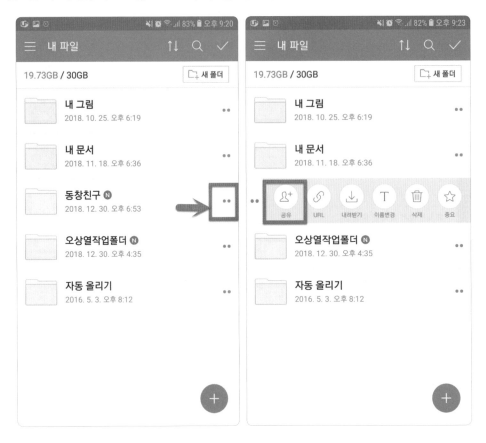

02 주소록 액세스에 **허용**을 누른 후 **공유할 친구를 선택**합니다.

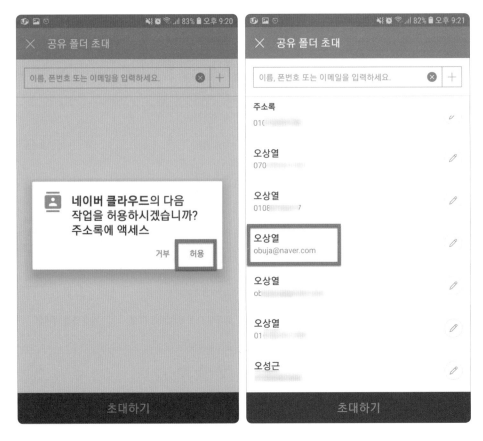

03 공유할 친구를 선택했으면 하단의 **1명 초대하기** 버튼을 누릅니다. 폴더안에 사람모양은 공유를 의미하고 ..을 눌러 **더보기**를 합니다.

04 **공유** 버튼을 눌러 공유된 친구에 **연필**을 누르면 친구가 수정은 못하고 보는 것만 하도록 작업권한을 설정 변경할 수 있습니다.

05 아래와 같이 연필에 금지를 클릭하면 수정도 할 수 있도록 변경되며 상단의 **공유해
제** 버튼을 누르면 멤버가 이 폴더를 볼 수 없습니다.

06 공유를 해제하기 위해 **예**를 누르면 왼쪽 그림과 같이 폴더에 사람모양이 사라지는데
공유가 해제된 것입니다.

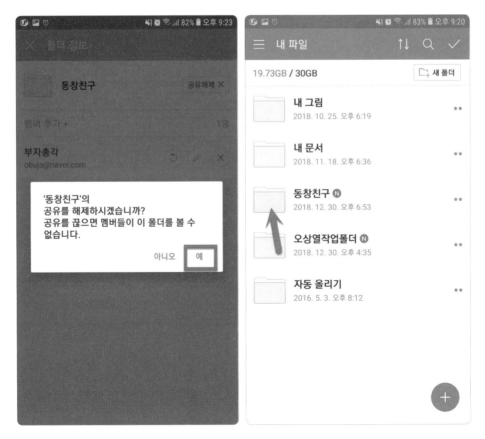

🖱 유튜브 음악 다운받기

01 **원스토어**에서 **튜브메이트3 TubeMate3**를 설치한 후 실행합니다. 원스토어가 없는 스마트폰은 인터넷을 실행한 후 원스토어를 검색하여 앱을 먼저 설치한 후 **튜브메이트3**를 설치합니다.

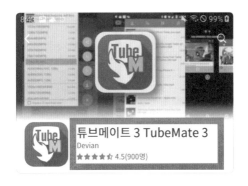

02 상단 **검색**을 누른 후 다운받을 **음악이름**을 입력하고 선택합니다.

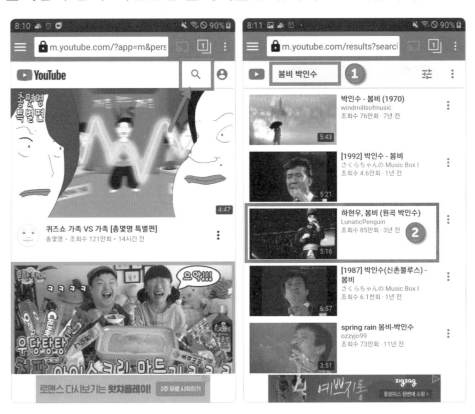

03 다운로드 버튼을 터치하면 동영상과 음악 중 **오디오(MP3, 128k)**를 선택한 후 내려받기를 누릅니다.

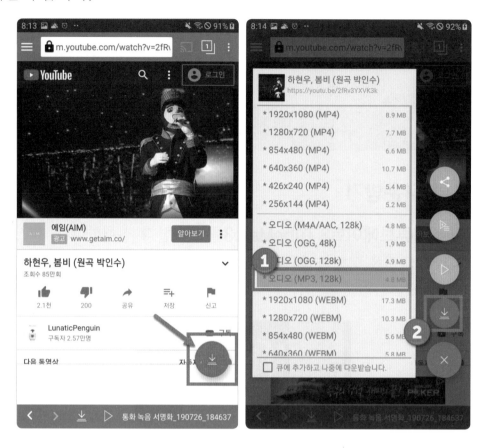

04 MP3 Video Convert를 설치하고 앞 과정을 다시한 후 **확인**을 누릅니다.

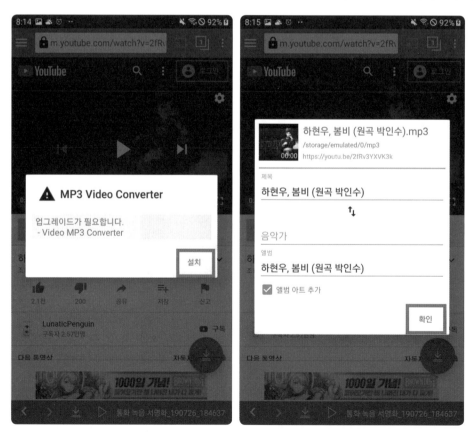

🖱 VideoShow로 화질 줄이기

01 VideoShow를 설치 및 실행한 후 **비디오 편집**을 터치합니다.

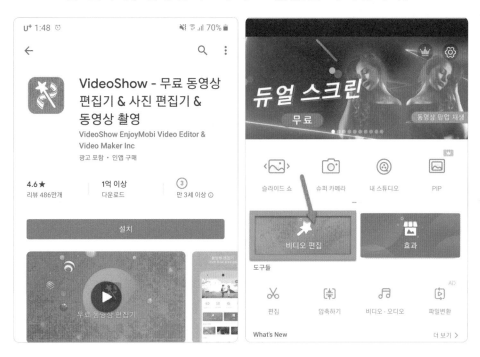

02 **동영상** 탭을 누른 후 **Camera** 앨범을 터치해서 영상을 선택하면 아래에 추가되야 하는데, 에러가 발생하면 해상도를 조절해야 합니다.

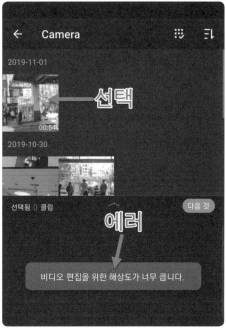

03 뒤로 버튼을 눌러서 VideoShow 첫 화면에서 중간에 있는 **파일변환**을 눌러서 앱을
　　설치 후 다시 VideoShow로 되돌아갑니다.

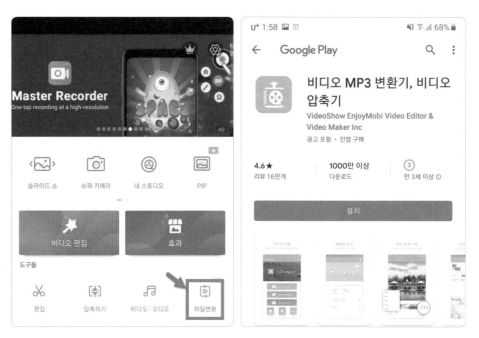

04 다시 **파일변환**을 누른 후 하나만 변환할 경우 트리밍 및 압축을 선택하면 되고 여러
　　개를 동시에 변환하려면 **일괄 압축**을 선택합니다. 참고로 VideoShow는 FHD영
　　상은 변환해서 사용해야 하므로 촬영할 때 HD급으로 촬영해서 편집할 수는 있습니
　　다.

05 여러 개의 동영상을 선택한 후 하단의 **다음**을 누르면 화질을 선택하는 화면이 나오
는데 여기서는 **480p**를 선택한 후 **지금 압축 중**을 누릅니다.

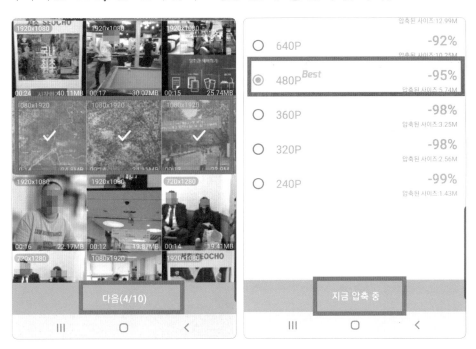

06 화질을 줄이므로 압축비디오 용량이 상당히 많이 줄어듭니다. **뒤로**를 계속 눌러서
VideoShow 앱으로 되돌아갑니다.

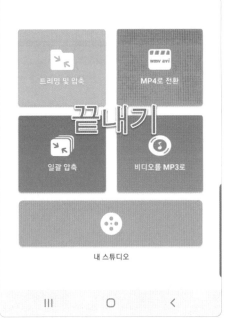

🖱 비디오 편집하기

01 **비디오 편집**을 눌러서 파일변환된 동영상을 작업순서대로 선택한 후 **다음 것**을 누릅니다.

02 VideoShow의 테마가 먼저 나오는데 **변동**을 눌러서 다운로드를 받아줍니다. 다운로드 성공이란 창이 나오면 **닫기**를 누릅니다.

03 테마를 다운로드하면 곧 바로 적용이 되는데 변동을 보면 **연필아이콘**이 생겼습니다. 연필을 누르면 수정할 수 있는데 출발은 제목이 되고 종료는 끝날 때 인사말을 입력한 후 **확인**을 누릅니다.

04 하단에서 **소리** 탭을 누른 후 상단에서 비디오소리와 테마배경소리를 조절할 수 있습니다. 화면 하단에서 **음악**을 누르면 오른쪽 화면이 나오며 **더 많은 음악 다운로드**를 터치합니다.

05 BGM의 종류가 나오는데 You Can lean On Me를 누르면 음악이 재생되고 오른쪽의 다운로드를 누른 후 +를 누릅니다.

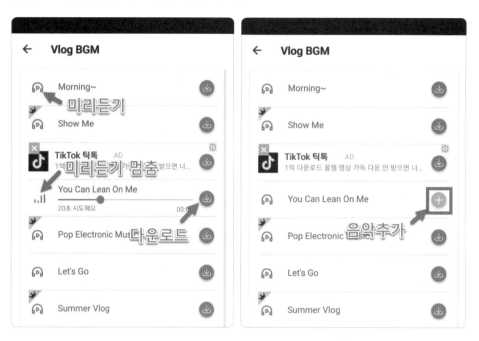

06 화면 하단에 **음악 추가**를 누르면 테마음악이 변경되고 상단에서 비디오소리와 테마 배경 소리의 크기를 적절하게 조절합니다.

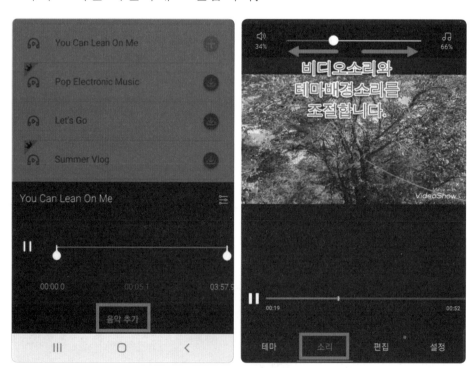

🖱 동영상 분할하기

01 하단 **편집** 탭을 선택한 후 **분할할 장소로 이동**한 후 바로 아래에 편집기능을 왼쪽으로 이동해서 **나누기**를 누릅니다.

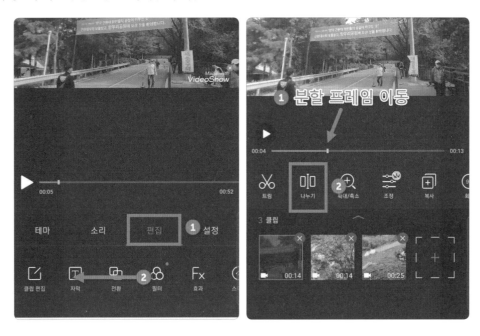

02 나누기 할 영역을 다시 섬세하게 조정한 후 **확인**을 누르면 오른쪽과 같이 분할된 클립이 추가됩니다.

📑 자막 넣기

01 **편집 – 자막**을 선택하면 동영상이 재생되는데 자막이 들어갈 부분에서 일시정지한 후 하단의 **+(추가)** 버튼을 누릅니다.

02 자막내용을 입력한 후 **확인**을 누르면 오른쪽 화면과 같이 안내가 나오면 **다음**을 누릅니다.

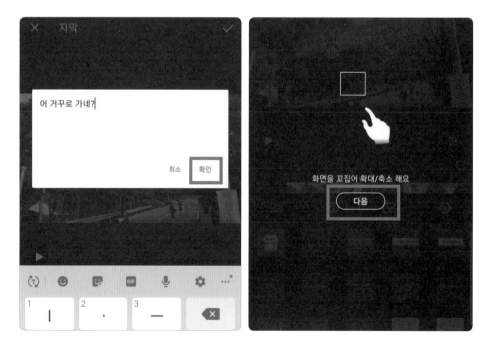

03 두 번째 자막이 들어갈 위치에 포인터를 위치한 후 **+(추가)** 버튼을 눌러서 자막내용을 입력한 후 **확인**을 누릅니다.

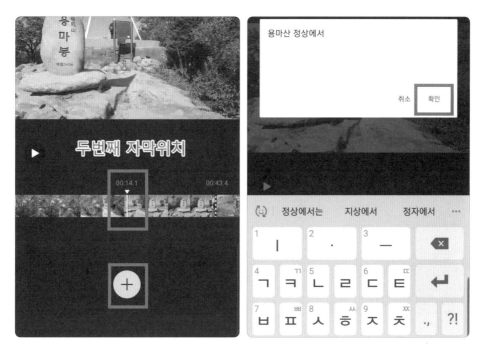

04 자막의 특수효과가 자동으로 나오는데 ❶**중복문자열**을 선택한 후 ❷**영상 빈곳을 터치**한 후 우측 상단의 √(**확인**)을 눌러서 자막작업을 마무리합니다.

🖱 전환효과 주기

01 **편집 – 전환**을 차례대로 선택하면 화면전환 효과가 나타납니다. 무비클립과 무비클립 사이에 있는 **❶을 터치**한 후 **❷드로우**를 선택합니다.

02 **❶화면전환** 버튼을 선택한 후 **❷플로트**를 선택합니다. 다음 화면전환을 선택한 후 **플라워**를 선택합니다.

🖱 특수효과 추가하기

01 **편집 – 효과(Fx)**를 눌러서 효과가 적용될 위치에 플레이헤드를 위치한 후 **+(추가)** 버튼을 누릅니다.

02 특수효과를 하단에서 **번개**를 선택하면 다운로드를 한 후 적용하면 됩니다. 다시 다른 프레임에 효과를 적용하기 위해 무지개 조리개 작업을 진행해봅니다.

🖱 저장하기

01 편집작업이 끝나면 우측상단의 **저장하기**를 터치한 후 **갤러리에 저장**을 누릅니다.

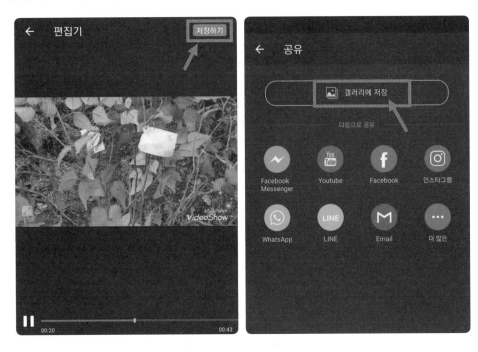

02 동영상을 렌더링하는 과정이 보여지고 있는데 100% 작업이 끝나면 오른쪽과 같이 **성공**이란 창이 열립니다.

🖱 슈퍼 카메라 사용하기

01 VideoShow 첫 화면에서 **슈퍼 카메라**를 선택한 후 **음악**을 누릅니다.

02 상단의 **내 음악** 탭을 선택한 후 아래에 나온 스마트폰의 음악목록을 선택한 후 **음악 추가** 버튼을 터치한 후 셔터를 눌러서 촬영합니다.

03 촬영을 하면 방금 전에 선택한 음악이 배경으로 들리면서 촬영을 하게 됩니다. 정지 버튼을 눌러서 촬영을 중단합니다.

04 좌측하단에 클립이 1개 촬영된 것을 보여주고 있습니다. 셔터를 눌러서 2번째 영상을 촬영합니다. 이때 음악은 앞에서 설정한 음악이 나오는데 다른 음악을 설정해서 촬영할 수 있습니다.

05 우측상단의 √(확인) 버튼을 누르면 비디오편집 화면이 나오는데 테마를 선택한 후 우측상단의 **저장하기**를 누릅니다.

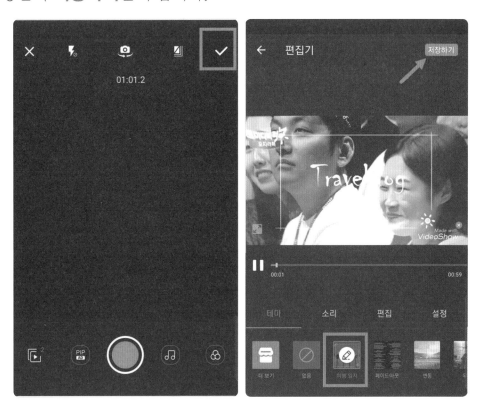

06 VideoShow 첫 화면에서 **슈퍼 카메라**를 선택한 후 화면 하단에 **PIP** 버튼을 누릅니다.

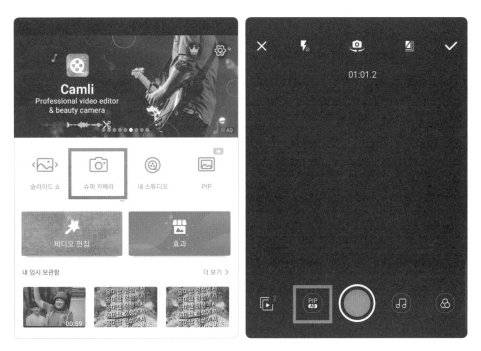

07 PIP 카메라가 설치되어 있지 않으면 먼저 설치한 후 열기를 누릅니다. 설치가 되면
PIP 카메라를 누릅니다.

08 PIP로 사용할 종류를 선택한 후 배경을 선택하면 촬영할 수 있도록 준비가 됩니다.
하단에서 동영상 버튼을 누릅니다.

09 촬영을 멈춘 후 좌측 하단의 미리보기를 누르면 제작된 영상이 나오는데 음악도 함께 넣었으면 BGM으로 나오게 됩니다. 하단의 **연필**을 누르면 비디오편집 화면이 나옵니다.

10 VideoShow에서 작업했던 방법을 이용하여 자막을 넣거나 전환효과 등으로 편집해서 동영상을 만들 수 있습니다.

CHAPTER 05-1 사진으로 내 정보가 유출된다 ▶▶▶

01 사진을 보낼 친구를 선택한 후 좌측하단의 **+(추가)**를 눌러서 **앨범**을 선택한 후 **전체 보기**를 누르면 갤러리 형태로 전환됩니다.

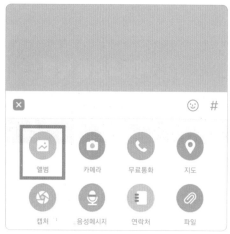

02 전송할 사진을 선택한 후 우측하단의 **...(더보기)**를 눌러 **원본**을 선택한 후 **확인**을 누릅니다.

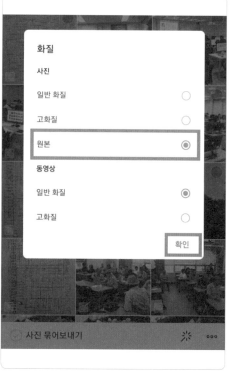

03 전송받은 카톡 사진을 터치하면 오른쪽처럼 크게 보이는데 이 사진을 **다운로드**합니다.

04 갤러리 앱을 실행한 후 다운받은 사진을 찾아서 누르면 우측상단의 **메뉴**를 눌러서 **상세정보**를 선택합니다. 상세정보를 누르면 사진을 어디서, 어떻게 촬영했는지 알려줍니다.

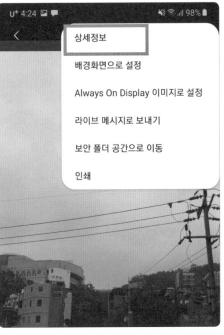

05 상세정보를 보면 날짜, 크기, 해상도, 경로, 파일명 그리고 가장 중요한 위치까지 표시가 되어 있습니다. 사진을 촬영한 곳이 집이라고 생각하고 사진을 카톡으로 보냈을 때 이렇게 자신의 집 주소인 개인정보가 그대로 유출되고 있다는 것을 알아야 합니다.

- 촬영을 할 때부터 위치정보를 끄고 촬영하면 이렇게 유출될 수는 없으며 카카오톡에서 사진을 전송할 때 원본으로 보내지 않고 고화질, 일반으로 전송하면 사진 정보가 전송되지 않습니다.

- 카메라로 촬영할 때 위치정보를 무조건 끄면 될까요? 위치정보도 하나의 태그정보로 사진 관리에 매우 유용한 기능이고 또 사진을 원본으로 전송하면 내 위치가 파악될 수 있으므로 위급상황에서도 활용할 수 있습니다.

- 갤러리에서 위치정보를 표시할 수 없다고 하는 것은 갤러리의 권한에서 위치를 꺼두었기 때문입니다.

지금은 속도가 생명인 시대로 한국인의 빨리 빨리(8282) 마인드가 대한민국이 세계 속에 우뚝 선 계기라고들 하기도 합니다. 빨리 검색하고, 빨리 주문하고, 빨리 폐기할 줄 아는 스마트한 시대라 카카오톡 친구도 이젠 빨리 추가할 수 있는 QR코드가 대세입니다. QR코드(Quick Response code)는 무엇인가를 찾을 때 **빠르게 응답하는 코드**라고 해석할 수 있는데 주소를 타이핑하거나 제품을 찾아 검색하는 것 보다 카메라로 인식하면 바로 해당 내용을 보여주는 것입니다.

01 카카오톡 하단의 **친구**를 선택한 상태에서 상단의 **친구추가** 버튼을 누르면 친구추가 방식이 상단에 4가지 방식이 나옵니다. 여기서 우리는 **QR코드**를 선택합니다.

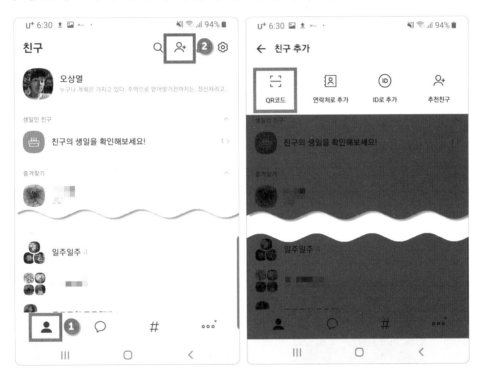

■ 기존 친구를 추가하는 방식의 대표적인 것은 연락처를 이용해서 전화번호를 등록하면 카카오톡 친구목록에 자동으로 나오는 것으로 좋든 싫든 전화번호를 상대방에게 알려준다는 것에 문제가 발생해서 카카오톡 ID를 만들어서 ID추가를 이용하는 것이었는데 이용자 본인도 카카오톡ID를 잊어버려서 개인프로필에 들어가서 확인하는 경우가 발생했습니다. 나의 전화번호를 알려주지 않으면서도 잊어 버리지 않는 QR코드를 이용하는 이유를 이제는 아시겠지요?

02 하단의 **내프로필**을 누르면 나만의 카카오톡 QR코드가 나오는데 이것을 친구는 코드스캔하면 간단하게 친구로 등록이 되는 것입니다.

03 반대로 내가 친구를 추가하고 싶을 때는 상대방이 위와 같이 QR코드를 보여주면 되고 나는 **코드스캔** 상태에서 친구 QR코드를 카메라로 아래처럼 화면에 보이도록 하면 오른쪽 화면처럼 친구추가를 눌러주면 **친구추가**는 간단하게 끝납니다.

톡캘린더는 카카오톡에서 만든 모든 일정을 모아볼 수 있는 기능으로 채팅 중 신규 일정을 등록하거나, 카카오톡 친구나 채팅방 멤버를 특정 일정에 손쉽게 초대 및 공유할 수 있습니다. 카카오톡에 등록된 친구의 생일과 함께 음력, 공휴일, 기념일 등도 확인할 수도 있지만 이 기능을 사용하려면 카카오톡 v.8.5.5 이상 업데이트 후 사용할 수 있습니다.

01 채팅방 입력창 좌측의 **+(추가)** 버튼을 누르고 **캘린더**를 선택하면 되는데 캘린더가 보이지 않으면 카카오톡 첫 화면으로 빠져나간 후 우측상단의 **설정(톱니바퀴) – 전체 설정**을 차례대로 실행하면 오른쪽 그림과 같이 버전정보가 보입니다. 본 교재에서는 최신 버전으로 나와서 캘린더가 보이지만 캘린더가 보이지 않으면 구 버전이므로 눌러서 업데이트를 먼저 하도록 합니다.

■ Play 스토어에서 **메뉴 – 내 앱/게임 – 카카오톡**을 찾아서 **업데이트** 버튼을 눌러서 업데이트를 할 수도 있습니다. 집에서 Wi-Fi 상태인 것을 확인한 후 앱을 업데이트를 해 주는 것을 습관화해야 앱들은 정상적으로 작동합니다.

02 캘린더의 일정에 관한 **제목**과 **시작** 날짜와 **종료** 날짜를 정한 후 **옵션 더보기**를 누른 후 ❶**알림** 시간과 **설명**을 입력하고 ❷**일정색상**을 변경한 후 ❸**저장**을 누릅니다.

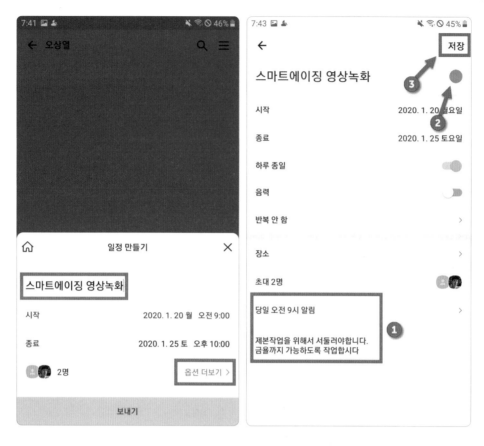

03 채팅방에 말풍선으로 나타나며 **일정보기**를 누르거나 우측상단의 **메뉴**를 통해서도 확인 가능합니다. 여기서는 일정보기를 터치한 후 나타나는 상세화면에서 상단의 **홈** 버튼을 누릅니다.

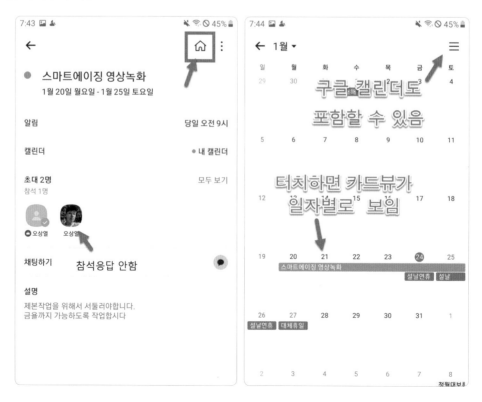

04 톡캘린더를 공유하기 위해 일정보기 화면에서 우측상단의 **메뉴**를 누른 후 **공유**를 누르고 공유할 ❶**친구** 탭을 선택한 후 ❷**보기방식**을 변경합니다.

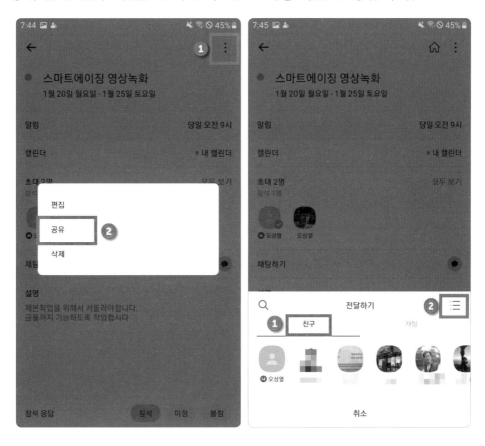

05 공유할 **친구를 선택**한 후 상단의 **확인**을 누르면 카톡으로 캘린더가 공유가 됩니다. 이전에는 일정 기능이었지만 캘린더로 보고 관리할 수 있게 변경되었으며 **구글 캘린더**도 동기화할 수 있습니다.

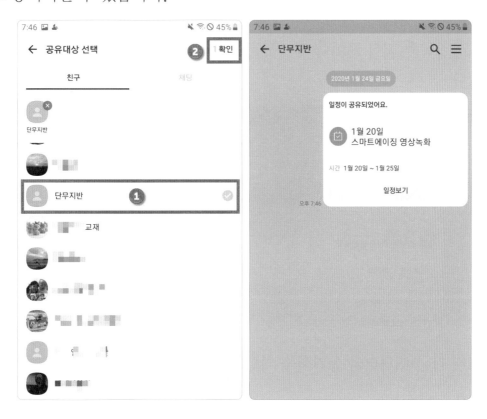

🖱 카카오톡 캘린더가 다른 점 4가지

01 카톡으로 채팅하다 일정이 생기면 채팅방에서 바로 일정을 등록할 수 있으며 다른 친구들을 초대해 공유할 수 있습니다.

02 톡하면서 일정이 있는지 체크하는 기능입니다. 우측상단의 메뉴를 터치하면 나의 일정을 체크할 수 있습니다.

03 카톡에서 만든 일정을 알려주는 캐릭터 "죠르디"가 모든 일정을 카톡으로 알려줍니다. 매일 카톡을 몇십 번이나 체크하는 사용자에게는 이 기능이 너무 유용하다고 생각합니다.

04 카톡에서 다른 캘린더와 동기화를 확인할 수 있습니다.

카카오톡에서 롱탭 검색을 사용해 보셨나요? 카카오톡 대화창에서 원스톱으로 검색이 가능하여 편리하게 사용되는 기능입니다. 해시태그(#)검색이 검색의 **편의성을 강화**했다면 **키워드 입력없이** #검색을 사용하는 말풍선 **롱탭검색**은 더 편리한데, 카카오톡 친구들과 대화중 검색하고 싶은 말풍선을 길게 누르면 메뉴에 **#검색**으로 곧바로 검색할 수 있는 기능입니다.

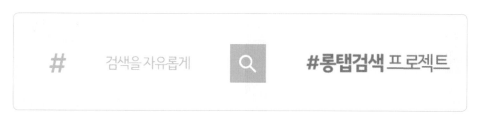

01 먼저 **전체설정**에서 롱탭 검색이 ON상태인지 확인하도록 합니다. **전체설정 〉 기타 〉 롱탭검색**이 ON상태로 되어 있어야 합니다. 채팅방에서 대화를 하다가 궁금한 대화 내용의 말풍선을 롱탭(길게 터치)하면 팝업 메뉴가 나오는데 하단에 있는 **#검색**을 누르면 됩니다.

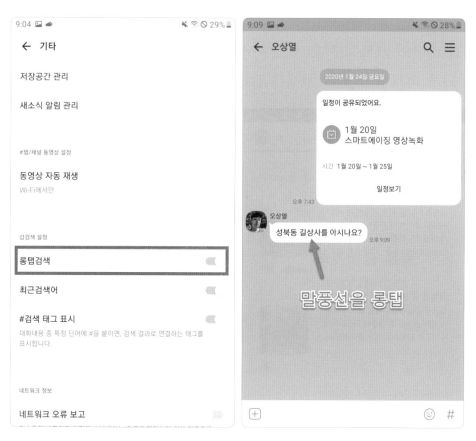

02 컨텍스트 메뉴(정황메뉴)에서 **#검색**을 누르면 검색결과가 나오지만 **#성북동길상사**를 터치해서 더 상세한 검색을 합니다.

03 검색결과 하단의 카톡 버튼을 누르면 상대에게 말풍선으로 전송됩니다. 개별 검색결과마다 카톡 버튼을 누르면 친구를 골라서 보낼 수 있습니다.

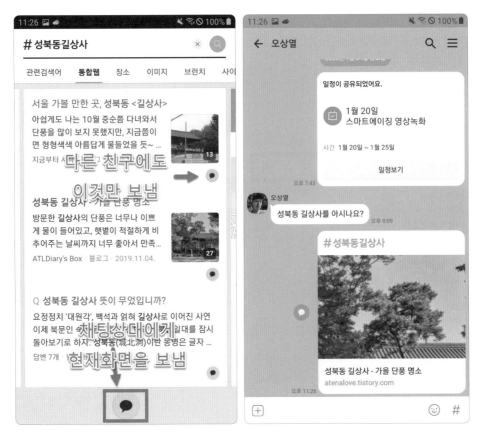

04 다낭 항공권과 호텔을 알아봐주세요라는 메시지를 롱탭해서 **#검색**을 한 후 검색
　　 결과화면에서 **#다낭항공권**을 터치합니다.

05 검색결과에서 하단의 **카톡 버튼**을 눌러서 보내거나 **항공권검색**을 눌러서 결과를 본
　　 후 전송해도 됩니다. **다낭호텔**을 롱탭해서 **#검색**을 누릅니다.

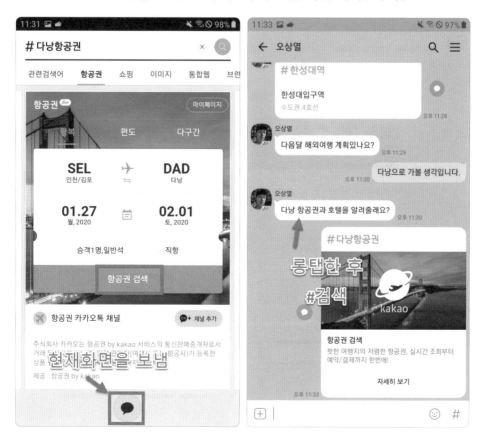

06 **#다낭호텔**을 터치하면 다낭에 있는 다양한 호텔들이 나오는데 하단의 **카톡 버튼**을
눌러서 전송합니다.

07 전송결과에 **구매하기**를 누르면 실제 구매할 수 있는 사이트가 열리게 됩니다.

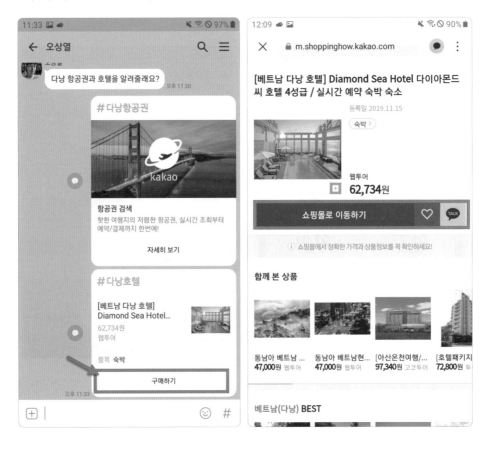

요즘엔 지갑을 들고 다니지 않는 분들이 많은데 카카오페이처럼 스마트폰 하나로 송금, 결제, 멤버십 적립 등 다양한 금융 생활을 편리하게 해결할 수 있기 때문입니다. 아직 송금할 때마다 보안카드, OTP로 이체하고, 두꺼운 지갑을 들고 다녀 불편하다면 카카오페이를 사용하는 것은 어떨까요? 먼저 가입부터 계좌 연결까지, 카카오페이 사용법을 알아보겠습니다.

🖱 카카오페이 가입하기

01 카카오톡 우측하단의 …(더보기) 버튼을 누르면 상단에 카카오페이가 보이는데 **Pay**를 누르면 오른쪽 화면이 나오는데 **충전** 버튼을 누릅니다. 카카오톡이 업데이트되면 화면이 변경되기도 합니다.

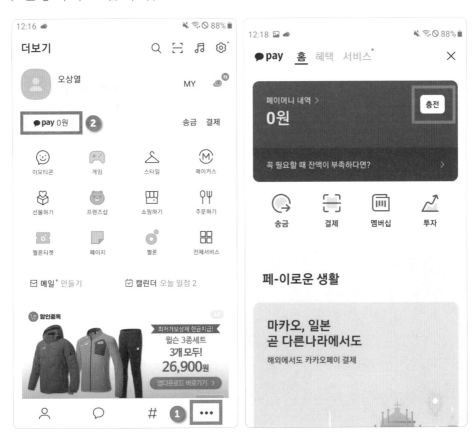

■ 처음 사용하는 분이라면 간단한 가입 절차 후, 사용 가능합니다. 이때, 꼭 확인해야 하는 부분이 있는데 카카오 계정에 등록된 정보와 본인인증 정보가 동일해야 합니다. 타인명의의 휴대전화 사용 시, 서비스 이용에 제약이 있을 수 있습니다. 또한, 만 14세 이상부터 서비스를 이용할 수 있습니다.

02 본인인증을 받기 위해 전체동의, 이름, 주민등록번호, 휴대폰번호를 입력한 후 인증 요청을 한 후 이메일, 자택주소를 입력한 후 확인을 누릅니다.

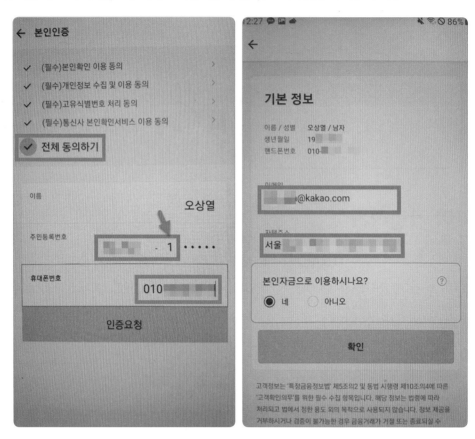

03 카카오페이에서 송금과 결재를 할 때 사용할 6자리 숫자의 비밀번호를 등록하는데 동일하게 한번 더 입력해야만 합니다.

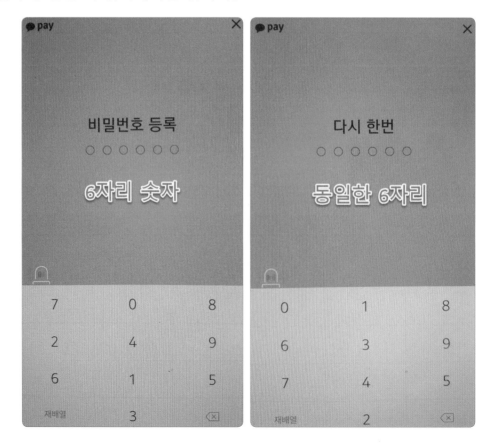

04 은행/증권사를 선택하고, **계좌번호**를 입력한 후 인증 요청을 합니다.

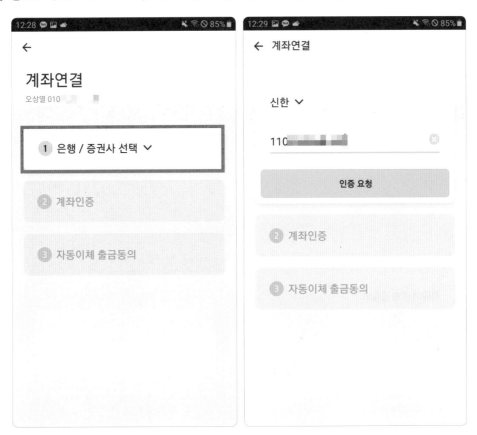

05 인증을 요청하면 입력한 **계좌에 1원이 입금**됩니다. 입금자명은 아무렇게나 **4글자**로 지정되는데 은행 앱을 실행하거나 텔레뱅킹으로 입금자명을 확인 후, 카카오페이로 돌아와 **입금자명을 입력**한 후 확인을 누릅니다.(ATM에서 **통장정리하면서 입력해 도 됩니다**)

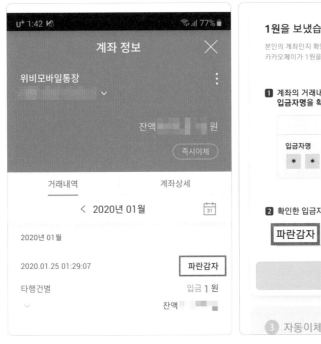

06 자동이체출금에 동의하는 화면이 자동으로 나오는데 ARS로 번호가 나오면 전화에서 지금 보이는 번호를 넣으면 되고, **카카오페이로 인증**을 누른 후 인증서가 없다는 창이 나오면 **확인**을 눌러서 페이비번을 발급받습니다.(영어, 숫자, 특수문자 합쳐서 8~15글자)

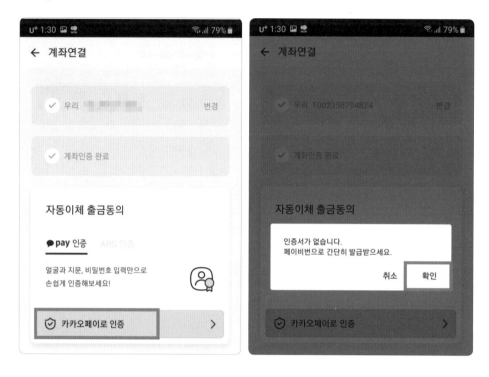

07 하단에 용도에 맞도록 **계좌별명**을 입력한 후 **확인**을 입력하면 카카오페이 계좌연결이 끝났습니다.

🖱 카카오페이 계좌 변경하기

01 카카오페이 화면에서 ❶**서비스**를 누른 후 ❷**설정** 버튼을 누르면 나의 카카오페이 화면이 나옵니다. 여기서 **연결계좌**를 누릅니다.

02 **계좌 추가하기** 버튼을 누른 후 **은행/증권사 선택**을 차례대로 누릅니다. 앞의 카카오페이를 처음 등록할 때와 동일한 방식이므로 인증과정은 앞을 참조하기 바랍니다.

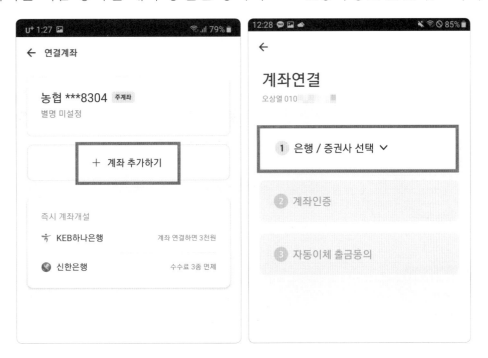

03 계좌가 추가되었으면 **주계좌로 사용할 계좌**를 누른 후 오른쪽 화면에서 **주계좌 설정**을 누릅니다.

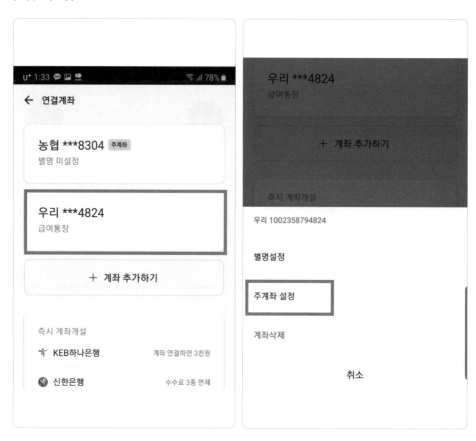

04 **설정하기** 버튼을 누르면 오른쪽 화면과 같이 주계좌가 변경된 것을 확인할 수 있으며 필요 없는 계좌는 터치한 후 계좌삭제를 누르면 됩니다.

CHAPTER
06 ▶ 카카오톡 활용하기 (2)

CHAPTER 06-1 카카오페이 충전과 송금하기 ▶▶▶

🖱 카카오페이 충전하기

01 더보기에서 pay 버튼을 누른 후 **충전**을 누릅니다.

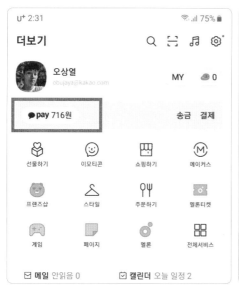

02 **직접입력**을 누르고 금액은 최소 10,000원 이상을 입력하고 **충전하기**를 누릅니다.

🖱 카카오페이로 송금하기

01 pay 화면에서 **송금**을 누르면 카톡친구가 나오는데 송금받을 친구를 선택한 후 **확인**을 누릅니다.

02 **송금액**을 입력한 후 **봉투에 담기**를 누르면 오른쪽 화면이 나오는데 원하는 문구를 선택해서 오른쪽으로 드래그를 합니다.

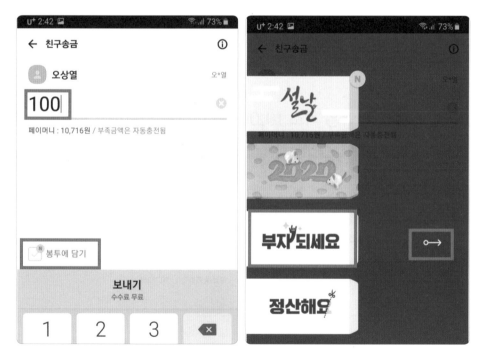

03 봉투메시지가 체크됐으면 수수료무료인 **보내기** 버튼을 누른 후 **확인** 버튼을 누르면
송금이 완료됩니다.

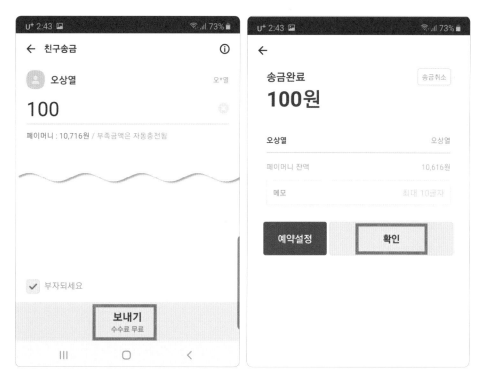

04 송금받은 친구의 화면인데 **확인하기**를 누르면 송금액이 오른쪽과 같이 보이면 **확인**
을 터치합니다.

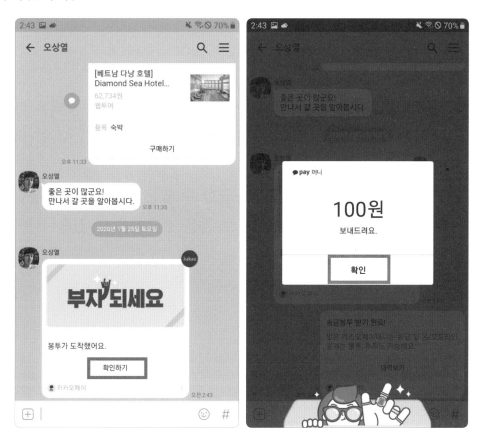

05 **내역보기**를 누르면 이용내역 화면에서 송금확인을 볼 수가 있습니다. 보낸 사람을 터치하면 상세내역이 나오는데 메모를 달아서 왜 받았는지 확인할 수 있습니다.

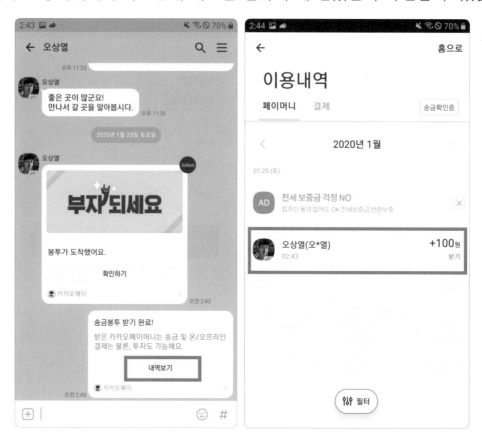

- 카카오페이 송금은 카카오톡 사용자에게 송금할 수 있는 것은 기본이고 계좌이체를 할 수도 있습니다.

- 카카오페이 송금은 현재까진 수수료가 없으며 받은 카카오페이 금액은 다른 사람에게 송금할 수 있으며 및 온라인과 오프라인에서 쇼핑할 때 결제를 할 수 있습니다.

- 카카오톡 친구 등록을 하지 않아도 바로 송금할 수 있는 방법으로 QR송금을 이용해서 카카오페이 계좌에 연동된 고유의 QR코드로 돈을 주고받을 수 있습니다.

06 **친구** 창에서 상단의 **돋보기**를 누른 후 **QR버튼**을 누릅니다.

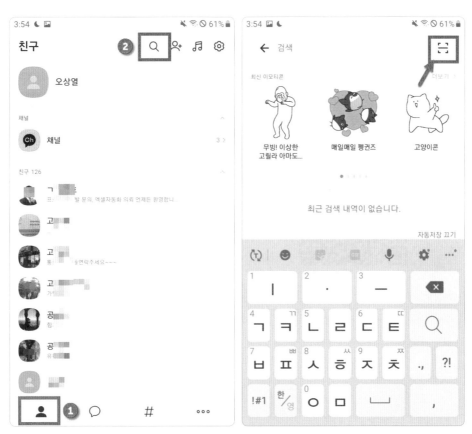

07 **①송금코드**를 누른 후 **②금액넣기**를 눌러서 금액과 메모를 입력한 후 **완료** 버튼을 누릅니다.

08 송금코드에 금액이 나왔으며 상대 친구는 코드스캔 상태에서 QR코드를 카메라에 인식시킵니다.

09 메시지를 입력한 후 **보내기**를 누른 후 상자에서 **확인**을 누릅니다.

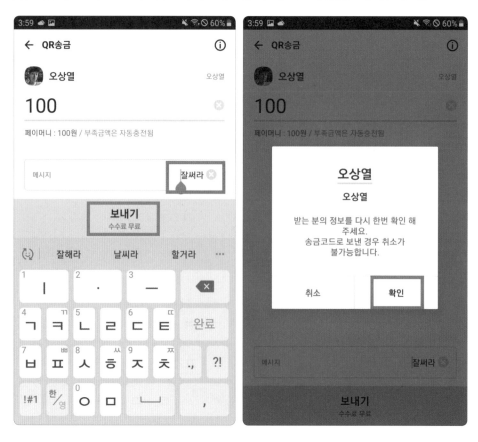

10 송금완료된 화면이 나오면 **확인**을 눌러서 끝낸 후 채팅방에서 카카오페이에서 보낸 메시지가 온 것을 확인합니다.

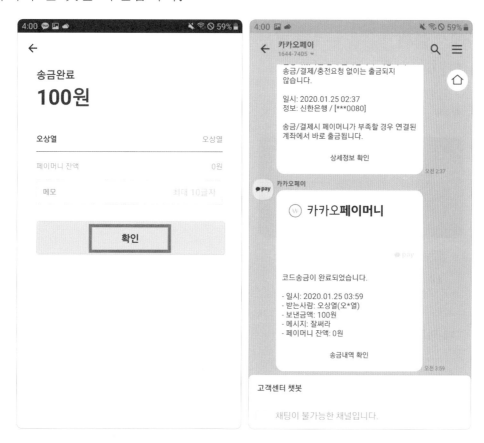

■ 송금을 보내는 방법은 2가지 더 있습니다.

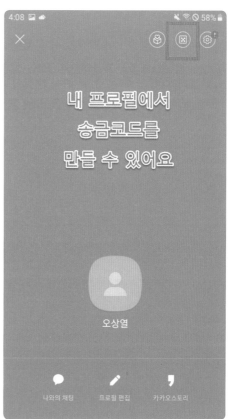

01 pay 창에서 **결제** 버튼을 누르면 처음에는 오른쪽 화면과 같이 결제 코드를 만들어야 하는데 **확인** 버튼을 터치합니다.

02 약관에 동의한 후 카카오페이 비밀번호를 만들기 위해 확인을 누른 후 결제용 비밀번호 6자리를 만들면 결제코드가 생성됩니다.

01 위젯이 들어갈 수 있도록 빈 공간을 만들어준 후, 빈 곳을 길게 눌러서 위젯을 선택한 후 카카오톡을 찾아서 누릅니다.

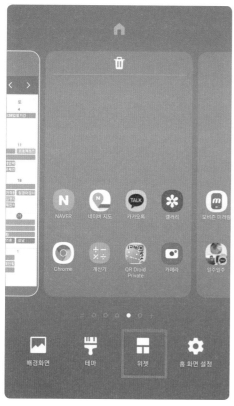

02 카카오페이를 롱탭한 후 홈 화면 빈 곳에 위치시킵니다.

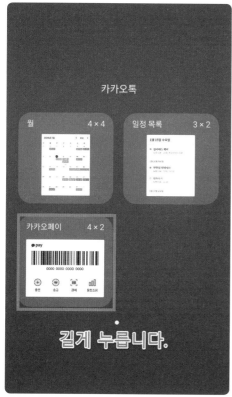

01 더보기에서 pay 버튼을 누른 후 **멤버십** 버튼을 찾아 누릅니다.

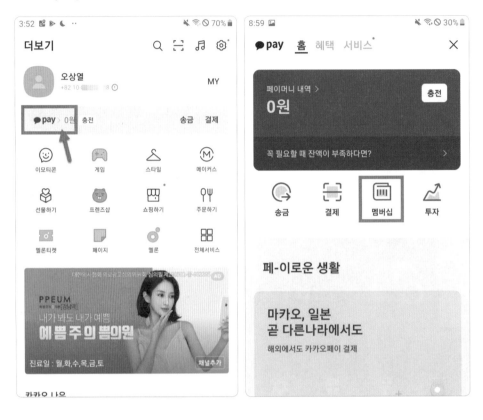

02 서비스 이용 약관에 체크한 후 확인을 누르고 오른쪽 화면처럼 소개페이지가 나오면 SKIP을 누릅니다.

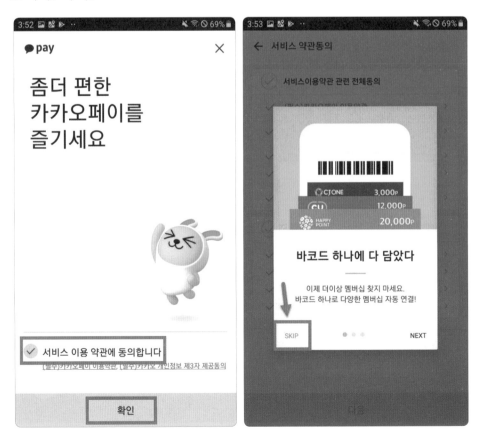

03 서비스 약관동의를 모두 체크한 후 하단의 **다음**을 누르고 본인인증을 받는 화면이 나오면 정보를 입력해서 인증과정을 마무리합니다.

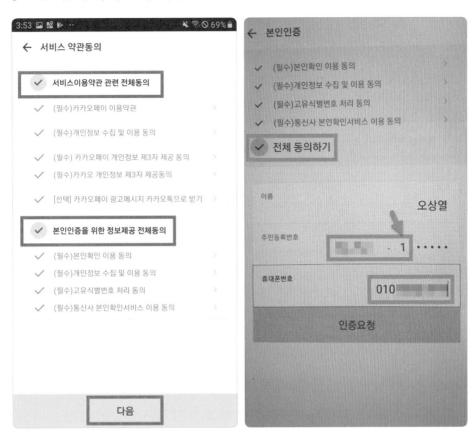

04 멤버십을 받을 회사를 선택한 후 **이메일**을 입력한 후 **동의**를 체크한 후 하단에 **내 바코드에 담기**를 누릅니다.

05 이젠 멤버십도 카톡으로 발급받을 수 있습니다. **가맹점 보기**를 누르면 어느 매장에서 멤버십을 사용할 수 있는지 알 수 있습니다.

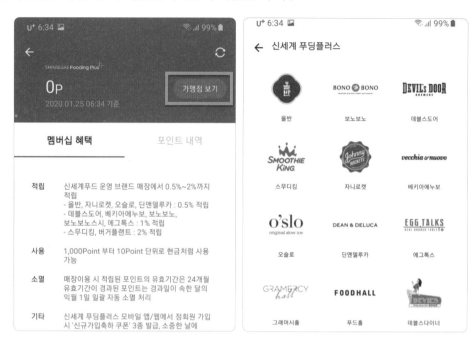

06 편의점이나 E-Mart 멤버십을 바코드에 등록했다면 포인트 있으세요?라고 물어보면 아래의 카카오페이 위젯을 스캔하면 자동으로 해당 멤버십카드에 포인트가 누적됩니다. 이제 두꺼운 지갑은 안녕~

01 Play 스토어에서 **"메시지 몰래보기"**를 검색해서 **설치**하고 실행한 후 안내창을 마지막으로 이동한 후 **시작**을 누릅니다.

02 메시지몰래보기를 ON한 후 권한 허용도 ON한 후 앱을 종료합니다.

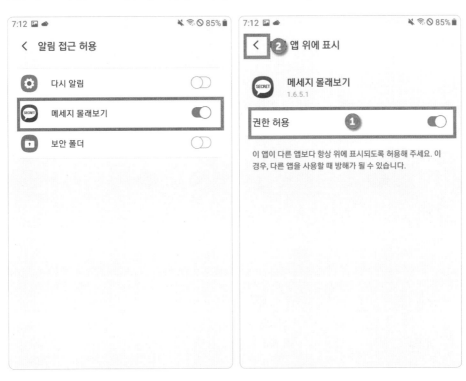

03 카톡이 오면 알림이 상단에 나오는데 읽지 못하고 금방 사라지는데 친구에게 읽고도 읽지 않은 것으로 하고 싶으면 좌측상단 **플로팅**을 누릅니다.

04 플로팅에 메시지가 나와서 카톡 메시지를 읽을 수 있으며 플로팅이 사라지면 메세지 **몰래보기 아이콘**을 눌러서 확인할 수 있습니다.

05 왼쪽은 메시지 몰래보기로 읽어본 것이지만 오른쪽에는 카톡 채팅방에는 읽지 않은 것으로 보입니다.

■ 플로팅이 사라졌을 경우에는 앱을 실행한 후 메뉴 – 설정을 누른 후 플로팅 버튼을 ON 을 해줍니다.

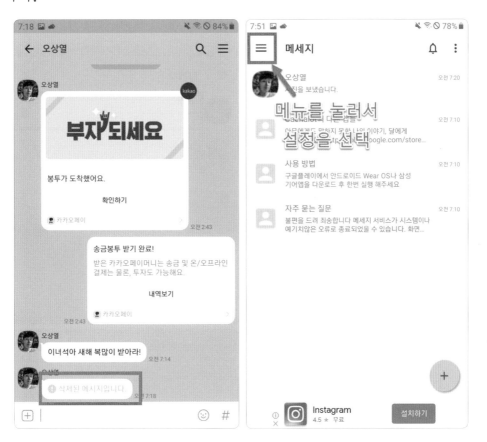

01 메시지를 읽기도 전에 보낸 친구가 삭제를 하면 어떤 내용이었는지 궁금할 때가 있죠? 메세지 몰래보기 앱을 눌러 확인할 수 있습니다.

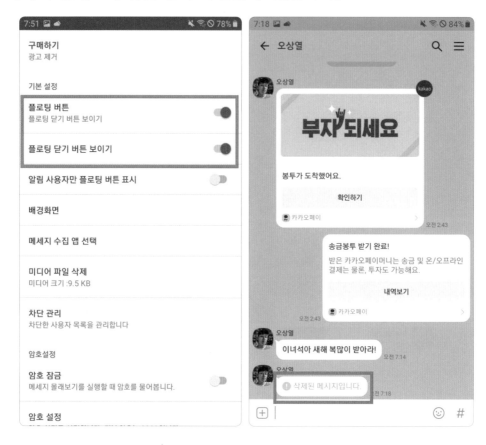

02 메시지 목록에 벌써 내용이 간단하게 보이지만 눌러서 확인합니다.

강의에 필요한 미러링하기

미러링(Mirroring)이란 스마트폰 화면을 PC로 전송해서 출력, 제어까지 가능하게 하는 IT기술로 모비즌의 가장 큰 장점은 연결이 간단하고 컴퓨터 작업을 하면서 전체화면(유료), 또는 작은화면으로 동시에 볼 수 있습니다. 키보드로 제어해서 문자(사진첨부)나 전화 연결이 가능합니다.

🖱 모비즌으로 미러링을 하는 이유

01 회의, 강의 시 스마트폰 화면을 PC 또는 프로젝터에 띄워야 할 때

02 스마트폰 화면을 자주 캡쳐해야 할 때

03 스마트폰 화면(앱 이용방법, 게임 등)을 통째로 녹화하고 싶을 때

04 스마트폰을 만지는게 귀찮아서 컴퓨터에 띄워놓고 작업할 때

CHAPTER **07-1** 　모비즌 USB로 미러링 설정하기 　▶▶▶

01 모비즌을 이용하기 위해서는 먼저 회원가입을 해야 합니다. 회원가입은 PC에서 가입하도록 하겠습니다. 크롬 브라우저를 이용하여 PC에서 모비즌(https://mobizen. com) 홈페이지로 이동한 후 **미러링 PC버전**을 찾아서 클릭합니다.

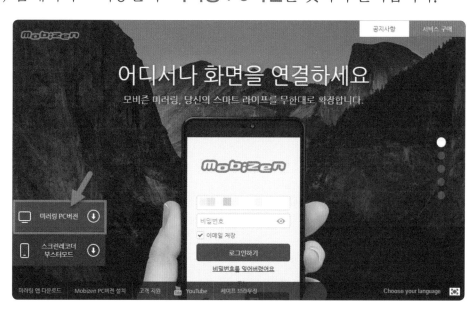

02 좌측하단에 다운로드가 되면 클릭해서 모비즌 프로그램을 설치하도록 합니다.

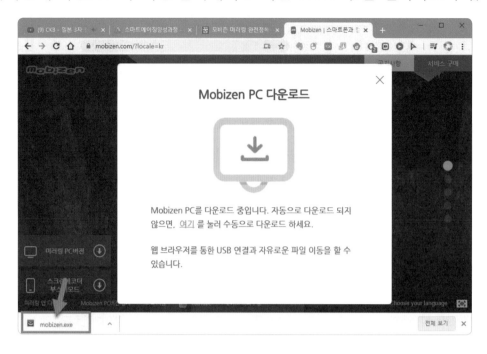

03 PC에 모비즌 실행창이 열리면 **아직 계정이 없어요**를 클릭한 후 스마트폰의 구글계정을 이용하기 위해 **Google로 시작하기**를 누릅니다.

04 스마트폰에서 사용하는 구글 계정으로 사용하는 **이메일을 입력**한 후 구글계정의 **비밀번호**를 입력합니다.

05 구글계정에 등록된 스마트폰 번호로 인증코드를 6자리로 보내기를 합니다. 스마트폰으로 인증번호가 문자로 왔으면 확인한 후 6자리 인증코드를 입력합니다.(일회성 인증번호이므로 기억하거나 적을 필요는 없습니다)

강의에 필요한 미러링하기

06 모비즌의 비밀번호를 2번 동일하게 입력합니다. 알파벳과 숫자포함해서 6자 이상으로 입력한 후 다음을 클릭한 후 모비즌 첫 화면이 나오면 창을 닫아줍니다.

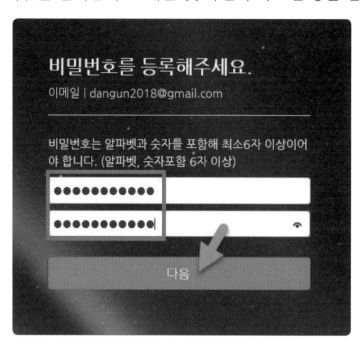

07 모비즌 PC버전에 **비밀번호**를 입력한 후 **시작하기**를 누르면 잠깐 업데이트 화면이 지나가면 오른쪽 창이 나오는데 **닫기**를 누릅니다.

08 Play 스토어에서 **모비즌**을 설치한 후 실행하면 모비즌의 안내창이 나오면 **시작하기** 버튼을 누릅니다.

09 이메일을 입력할 수 있도록 **직접 입력**을 누른 후 **이메일의 주소**를 정확하게 입력한 후 **다음**을 누릅니다.

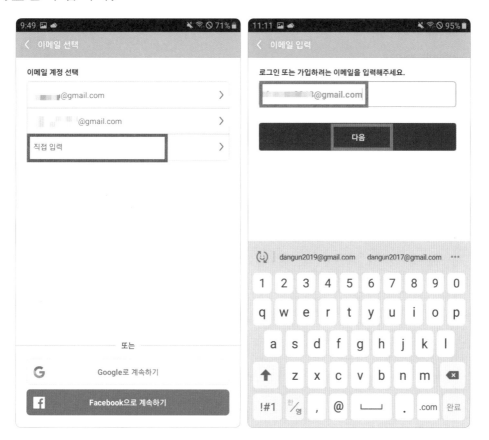

10 비밀번호를 이메일로 등록메일을 보내면 PC에서 이메일을 열어준 후 **비밀번호 등록하기**를 누르던지 스마트폰에서 **G-mail**을 열어서 **비밀번호 등록하기**를 터치합니다.

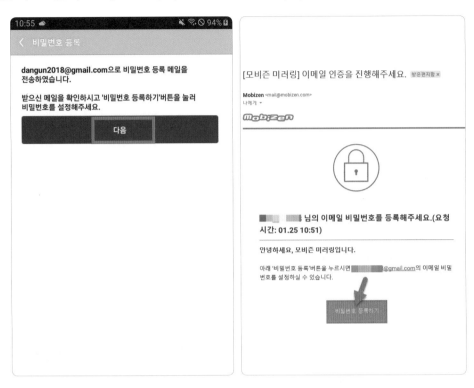

11 PC에서 만들어두었던 **비밀번호**를 여기서 입력한 후 다음을 누릅니다. 튜토리얼 4번째 화면이 나오면 **시작하기**를 클릭합니다.

12 USB **데이터케이블**을 스마트폰과 PC에 연결하면 왼쪽 사진과 같이 매번 **접근 허용**을 한 후 오른쪽 화면에서 **시작하기**를 누릅니다.

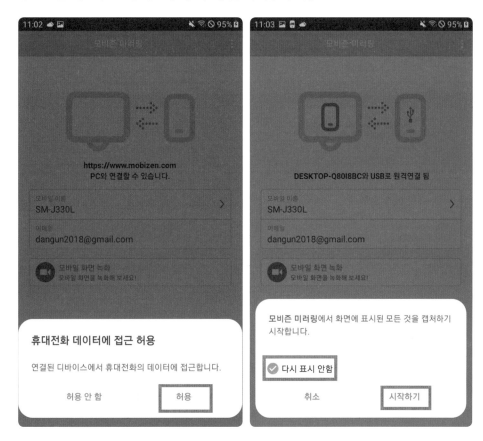

13 약관에 동의하는 화면은 한 번만 나오게 되며 오른쪽 화면이 원격연결 되었다고 나오면 미러링은 끝난 것입니다.

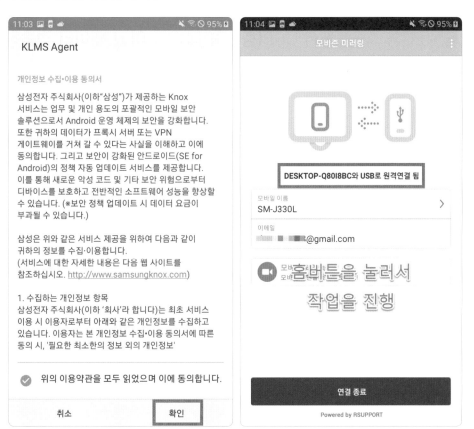

■ 2차 인증코드는 모바일 연결할 때 사용하는데 귀찮으면 이렇게 해제하세요.

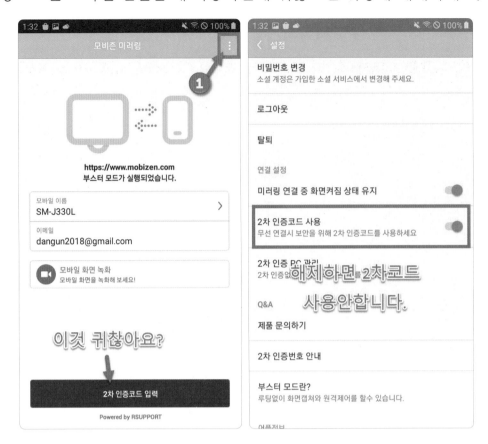

■ PC에서 모비즌을 실행할 때 USB로 연결할지, Wireless로 연결할지 상단에서 선택할 수 있습니다. 무선 연결이 번거롭지 않고 준비물도 필요 없지만 연결이 끊기는 경우가 많습니다. 일부 500Mbps 이상의 회선을 사용하거나 무선네트워크가 매우 안정적인 곳에서만 Wireless로, 나머지는 전부 USB로 연결할 것을 권장합니다. 물론, USB 연결은 반드시 PC와 스마트폰이 USB(**충전용 USB가 아닌 데이터 전송용 USB**)로 연결되어 있어야 합니다.

🖱 키보드 사용하기

01 카카오톡 채팅방에서 ❶한글을 입력하면 ❷키보드 설정을 눌러서 ❸모비즌 미러링을 활성화 시킨 후 ❹뒤로 버튼을 누릅니다.

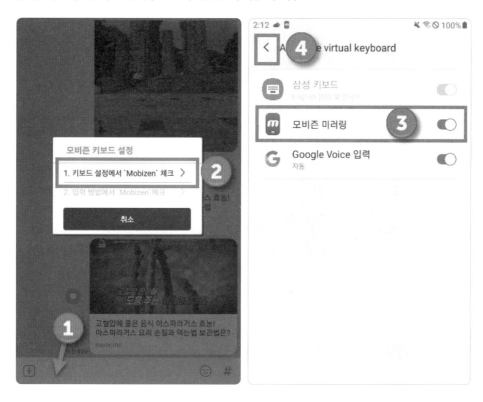

02 입력 방법에서 'Mobizen'체크를 클릭한 후 **모비즌 미러링**을 클릭하면 키보드 설정이 끝납니다.

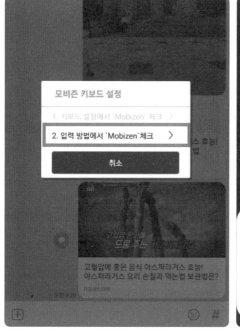

03 PC에서 키보드를 입력하면 위쪽에 글자가 입력되는데 마지막에 Enter 를 누른 후 **전송** 버튼을 누릅니다.

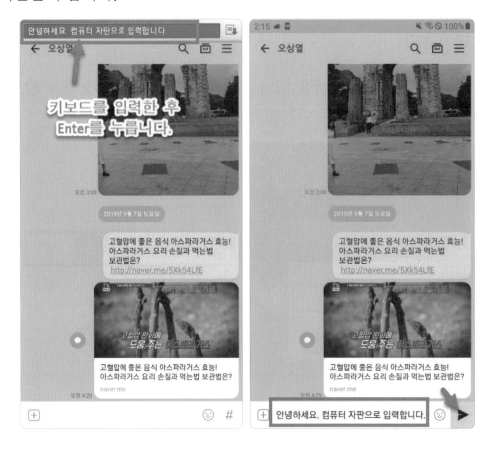

🖱 모비즌 설정과 캡처하기

01 **확장 – 설정** 버튼을 클한 후 일반설정에서 아래처럼 설정합니다.

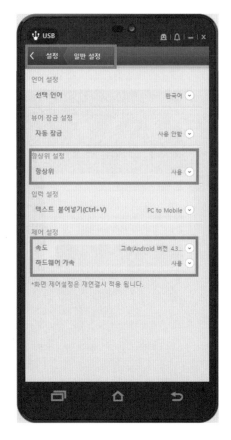

02 Ctrl + Enter 를 눌러서 모비즌을 **전체화면**으로 확장해서 볼 수 있으며 Esc 키를 누르면 기본 화면으로 되돌아 갑니다.

03 현재 스마트폰 화면을 캡처하는 방법은 ❶메뉴를 눌러서 ❷캡처를 누릅니다. 모비즌 좌측하단에 캡처 결과가 보이는데 **폴더열기**를 눌러보고 어떤 폴더에 저장되는지 확인한 후 **닫기**를 해서 캡처화면을 닫아줍니다.

🖰 파일 전송하기

01 ❶메뉴 – ❷파일송수신을 클릭한 후 DCIM – Camera 폴더를 열어줍니다.

02 사진파일을 5-7개 정도를 선택한 후 바탕화면으로 드래그해서 복사합니다.

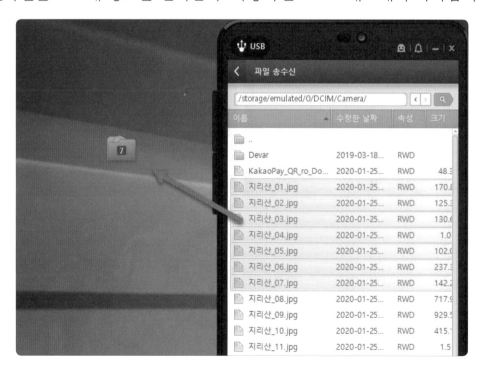

03 스마트폰의 DCIM 폴더에 마우스 우클릭한 후 **모비즌연습**이라는 새 폴더를 만든 후 **모비즌연습** 폴더를 열어줍니다.

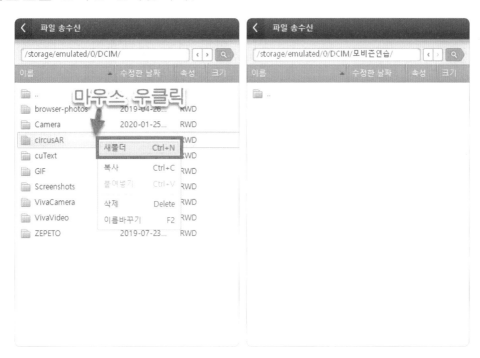

04 바탕화면에 복사해 두었던 사진이나 다른 사진을 드래그해서 스마트폰 속으로 드래그해서 복사를 합니다.

🖱 미러링 프로그램 소개

▶ TeamView(팀뷰어)

팀뷰어는 서로 다른 공간에서 기기간 쌍방향 파일전송, 채팅 등을 주고받을 수 있게 해주는 원격제어 프로그램으로, 한마디로 인터넷만 연결되어 있다면 핸드폰으로 집에 있는 컴퓨터 원격제어하거나 컴퓨터로 집에 있는 휴대폰을 마음대로 원격제어할 수 있습니다.

▶ AirDroid(에어드로이드)

스마트폰의 메시지, 통화기록, 전화번호부, 사진, 카메라 등의 앱에 원격으로 접근할 수 있는 앱으로 미러링만 아니라 원격지원으로 PC 웹 화면에서 자체UI 상태에서 제어를 합니다.

▶ Vysor 앱

안드로이드용 USB케이블로 안드로이드 기기를 미러링하는 앱으로 스마트폰에 설치해두면 맥이나 윈도우 10, 리눅스 PC, 심지어 크롬브라우저에서도 안드로이드 미러링이 가능합니다.

▶ ApowerMirror

ApowerMirror는 WiFi 연결이나 USB 연결로 미러링을 사용할 수 있는데 USB로 연결하는 경우 스마트폰 앱을 설치하지 않아도 됩니다.

아무런 장비, 앱도 필요 없이 윈도우10에서 미러링을 할 수 있습니다. Wi-Fi를 이용하기 때문에 PC와 스마트폰이 동일 Wi-Fi를 사용해야 합니다. 만약 PC에 유선랜으로 연결되면 안되기 때문에 Wi-Fi 동글이를 PC에 장착해서 사용하면 가능하며, 노트북은 당연히 무선을 사용하기 때문에 잘 됩니다.

01 PC에서 **시작 – 설정 – 시스템**을 차례대로 클릭합니다.

02 왼쪽 창에서 PC에 화면 표시를 선택한 후 오른쪽 창에서 아래와 같이 설정한 후 창을 닫아줍니다.

03 PC에서 할 일은 끝났고, 스마트폰에서 알림줄을 아래로 드래그한 후 **Smart View**를 찾아서 터치합니다. 갤럭시J 시리즈 중 이것이 없는 기종도 있습니다. (갤럭시 구버전은 **Screen Mirroring**으로 표시되어 있으며, LG폰은 알림창에 **화면 공유**라고 되어 있습니다)

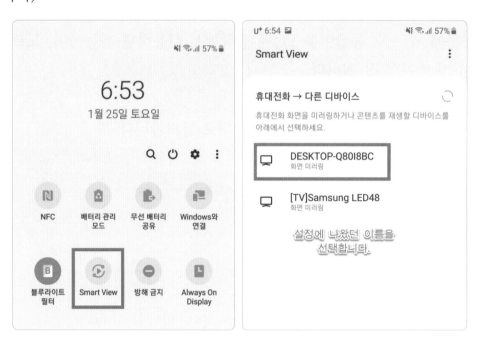

04 PC 모니터에 스마트폰의 화면이 미러링에 성공했습니다. 모비즌과 달리 PC에서 마우스나 키보드로 스마트폰을 제어할 수는 없으며 플로팅 버튼은 PC 화면에는 보이지 않으며, **플로팅** 버튼을 눌러서 **연결해제**를 누르면 미러링이 끝납니다.

🖱 영화 예매하기

01 Play 스토어에서 **CGV** 앱을 **설치**하고 실행을 한 후 예매를 원하는 영화를 찾아봅니다.

02 예매할 영화 아래에 있는 **지금 예매**를 터치한 후 극장을 선택하기 위해 **CGV 선택**을 터치합니다.

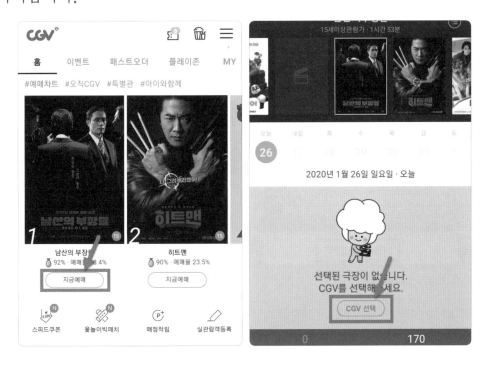

03 **서울**을 선택한 후 원하는 지역의 CGV 영화관을 선택하면 상영시간이 나타납니다. 예약을 원하는 **시간과 날짜**를 터치합니다.

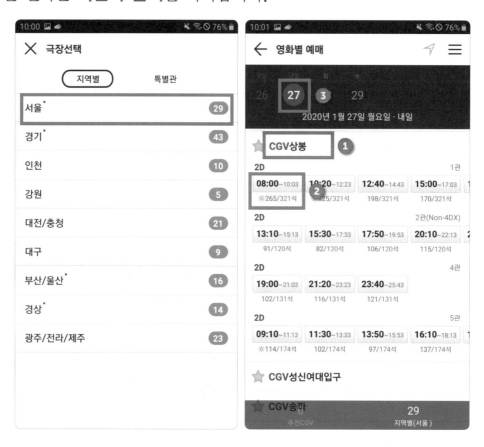

04 **인원/좌석 선택** 버튼을 누른 후 로그인 화면이 나오는데 **비회원 예매하기**를 클릭하면 로그인을 하지 않아도 예매할 수 있습니다. 단, 포인트는 누적되지 않습니다.

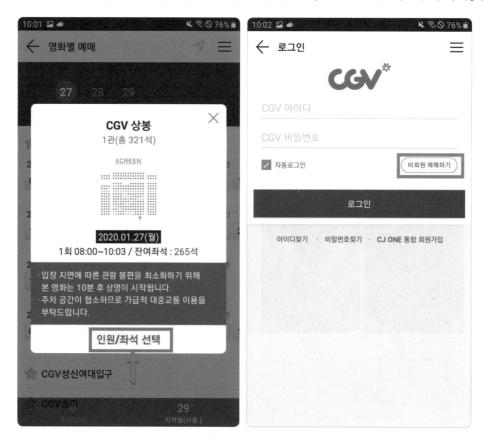

05 주민등록앞 6자리와 성별을 1 또는 2를 입력한 후 동일한 비밀번호 4자리를 입력하는데 이것은 예약취소나 확인을 위해서 필요합니다. 휴대폰 인증한 후 인원을 선택하고 좌석을 터치합니다.

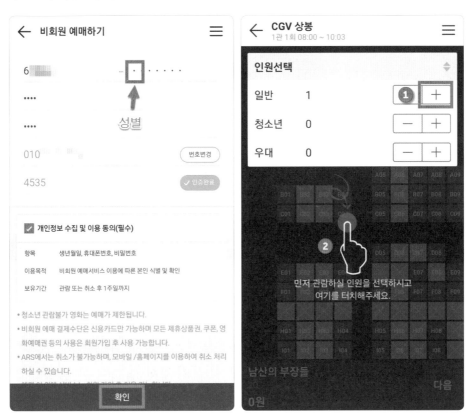

06 관람하기 편한 **좌석**을 선택하고 **다음**을 터치한 후 원하는 결제수단을 선택합니다. 여기서는 **휴대폰 결제**를 선택한 후 **결제하기**를 터치합니다.

07 이용약관 중 필수인 것만 체크한 후 통신사를 선택하면 휴대폰번호와 주민번호를 입력해서 문자로 인증번호가 온 것을 입력합니다.

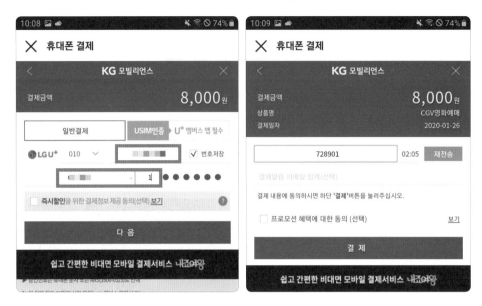

08 영화예매를 하면 아래와 같이 QR코드까지 나오고 발권없이 곧 바로 입장할 때 코드 스캔하면 됩니다. CGV 영화앱을 사용하는 사람에게 카톡으로 전송해주면 입장할 때 친구도 사용할 수 있습니다. 키오스크 발권기에서 영화표를 발권하려면 이 번호를 잘 기억해야 합니다.

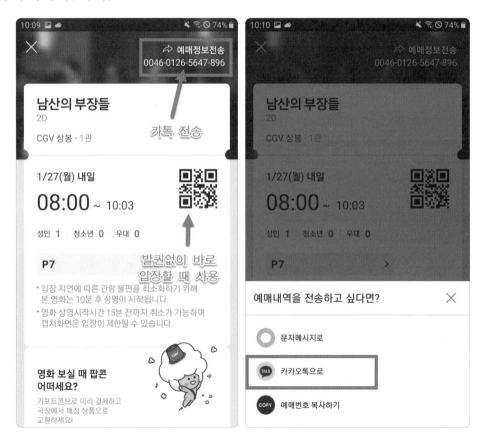

09 키오스크 발권기 앞에서 예약번호가 기억이 나질 않을 때는 상단에 보이는 것과 같이 **흔들어 보세요** 오른쪽에 예매한 것이 화면에 나오게 됩니다. 키오스크 발권기에 예약번호를 입력하면 됩니다.

10 예매를 취소하고 싶을 땐 예매한 곳에서 아래쪽에 예매취소가 있는데 터치하면 정말 취소할 것인지 묻는 대화상자가 나옵니다. 휴대폰 결제를 한 것이면 곧 바로 휴대폰 결제가 취소가 됩니다.

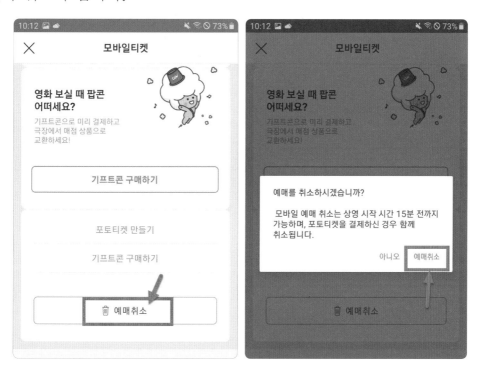

🖱 키오스크 영화예매티켓 발권하기

01 키오스크 화면에서 **영화관** 아이콘을 터치한 후 **예매티켓 출력**을 선택합니다.

02 예매번호를 앞의 4자리는 빼고 **❶나머지 11자리**를 입력한 후 **❷확인** 버튼을 누르면 예매한 영화명이 나오고 맞으면 하단의 **티켓 출력** 버튼을 누릅니다.

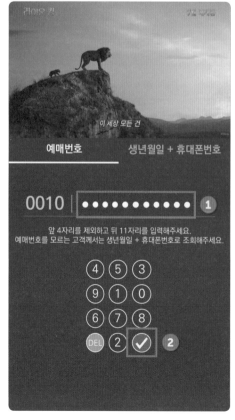 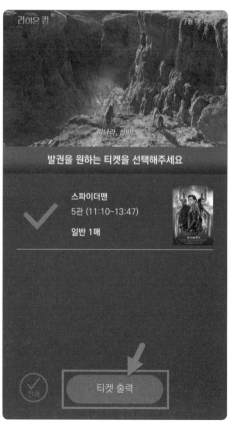

03 티켓이 출력되었으면 화면을 터치하면 영화 키오스크 첫화면으로 되돌아갑니다. 예매 번호를 잊어버렸을 때 **생년월일+휴대폰번호**를 입력해서 발권을 할 수도 있습니다.

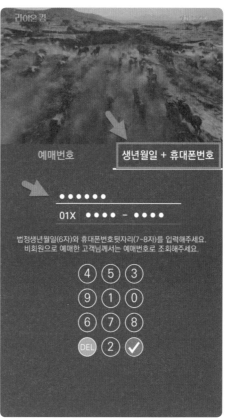

극장은 서로 달라도 키오스크에서 영화예매 티켓을 발권하는 서비스는 비슷합니다.

🖱 기차표 예매하기

01 **코레일톡**을 설치한 후 승차권 예매화면에서 **편도**로 도착지 **부산**을 **동대구**로 변경합니다.

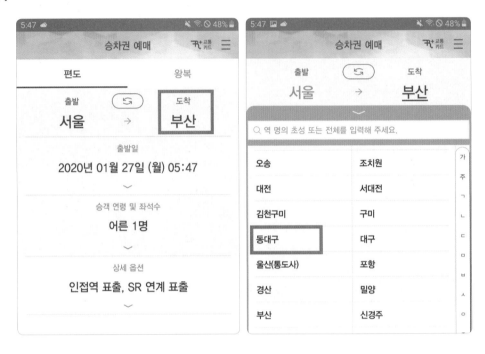

02 출발일을 눌러서 날짜와 시간을 터치해서 변경한 후 **어른2명**으로 변경한 후 **열차 조회하기**를 누릅니다.

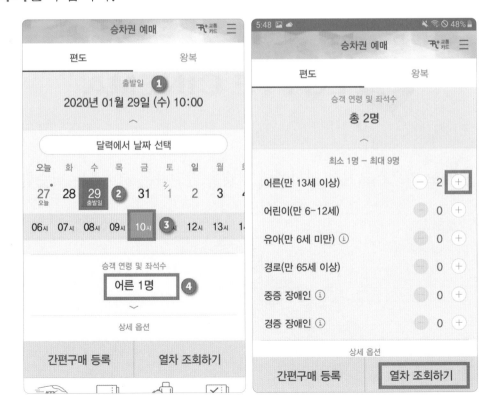

03 출발시간에 요금이 저렴한 것을 누른 후 **열차 호차**를 선택하고 역방향/순방향 고려해서 **좌석을 선택**한 후 **선택 완료**를 누릅니다.

04 예매 버튼을 누르면 로그인 화면이 나오는데 철도회원카드가 없다면 하단에 **미등록고객**을 터치합니다.(왕복은 미등록고객이 나오지 않습니다)

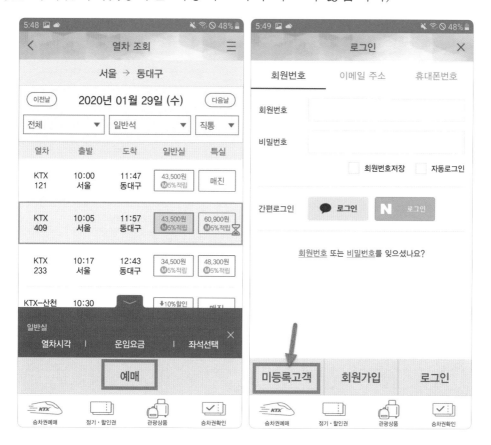

05 이름, 전화번호, 비밀번호를 입력한 후 **확인**을 누른 후 승차권 정보확인 나오는데 **결제하기**를 누릅니다.

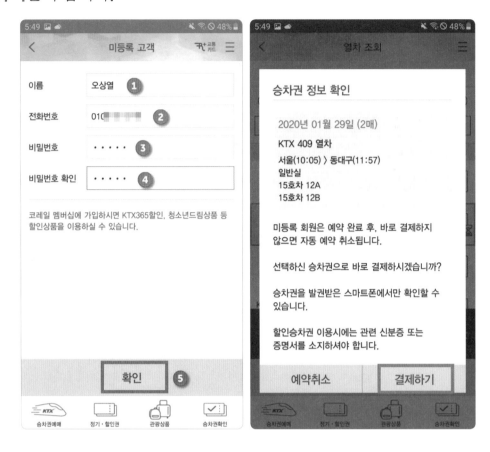

06 신용(체크)카드 결제정보를 묻는 대로 정보를 입력한 후 화면 하단의 **결제/발권** 버튼을 누릅니다.

🖱 키오스크로 기차표예매 발권하기

01 키오스크 첫화면에서 **KTX열차** 아이콘을 터치해서 **예약표 찾기**를 터치합니다.

02 **회원번호**를 입력한 후 **비밀번호**를 입력하고 확인을 터치하면 예매내용화면이 나오고 여기서 **발권하기**를 터치합니다.

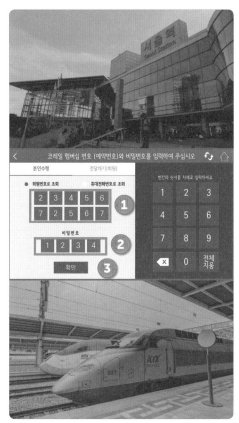

03 회원번호대신 **휴대전화번호로 조회**할 수 있으며, 휴대폰 11자리를 입력한 후 확인을 누르면 발권할 수 있는 화면이 나옵니다.

 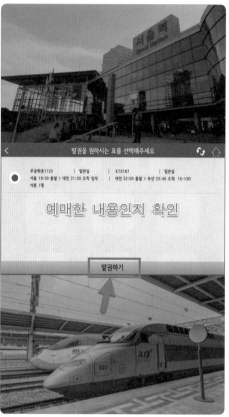

🖱 고속버스 예매하기

01 **고속버스모바일**을 실행한 후 **고속버스 예매** 버튼을 눌러서 편도/왕복에서 **왕복**을 선택한 후 **출발지**를 선택합니다.

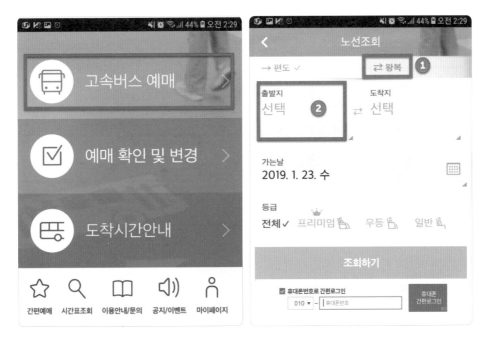

02 출발지는 **센트럴시티(서울)**로 도착지는 **대전/충남**을 선택한 후 **당진**을 선택합니다.

03 가는날과 **오는날**을 선택한 후 등급은 **우등**을 선택하고 **조회하기**를 터치합니다. 가
는 날의 시간을 선택할 때 **잔여석**이 있는지 확인하면 서 선택합니다.

04 상단에서 **비회원**을 선택한 뒤 **비회원으로 예매하기**를 선택합니다. **휴대폰번호**와
비밀번호를 입력한 후 확인을 누릅니다.

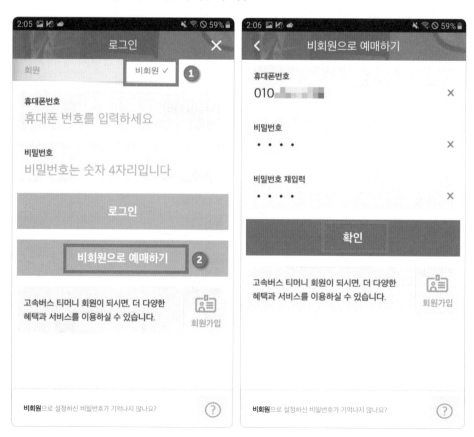

05 출발 시간을 다시 선택한 후 앉아가고 싶은 좌석을 선택하도록 합니다.

06 오는 편 배차시간에서 **시간**을 선택하고 **좌석**을 선택한 후 **선택완료**를 누릅니다.

07 예매내용을 확인한 후 **신용/체크카드 결제**를 누르면 결제화면이 나오는데 해당 상자에 맞게 입력한 후 결제를 시도합니다.

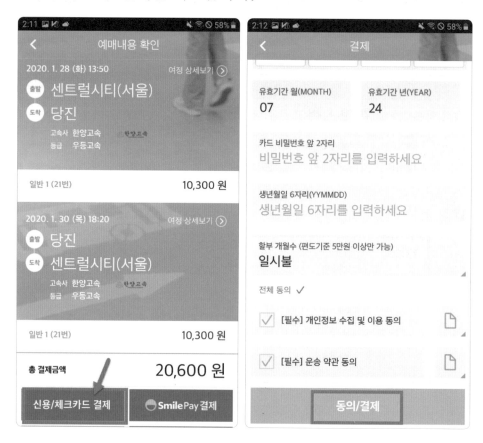

🖱 키오스크로 고속버스예매표 발권하기

01 키오스크 홈화면에서 **고속버스** 아이콘을 터치한 후 고속버스 키오스크 화면이 나오면 **사전 예매 발권**을 터치합니다.

02 **예매번호** 버튼을 눌러서 수기조회 화면이 나오면 **예매번호**를 입력한 후 **확인**을 누릅니다.

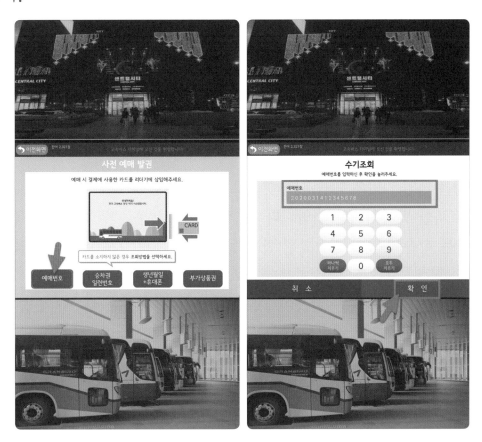

03 발권하고 있다는 진행 메시지가 나온 후 발권이 완료되었다는 메시지가 나오면 **확인**을 터치합니다. 고속버스 키오스크 홈 화면이 다시 나오게 됩니다.

CHAPTER 09 ▶ 스마트하게 수업하기

CHAPTER 09-1 　카훗으로 인터랙티브한 수업하기　▶▶▶

카훗(Kahoot)은 게임 기반의 학습용 플랫폼으로 누군가를 교육하는 선생님, 강사, 교육담당자가 학습 효과를 배가시켜줄 앱입니다. 퀴즈, 토론, 설문을 생성하고 교육생들에게 서비스를 제공하는 학습에 있어 최적화된 반응 플랫폼입니다. 강사 또는 교사들이 모니터에 문제를 띄우면, 학생들은 각자의 스마트기기로 문제를 맞추는 형식입니다.

카훗은 퍼즐과 같은 게임을 통한 학습이므로 재미나게 함께 놀고 배우면서 즐길 수 있어서 학생뿐 아니라 학습하는 모든 사람들이 함께 할 수 있는 앱입니다.

🖱 PC에서 개인 회원가입하기

01 반드시 **크롬 브라우저**를 이용해서 주소표시줄에 http://kahoot.com을 입력해서 접속하면 화면 상단에 한글로 번역을 선택해서 **무료가입**을 클릭합니다. 무료가입이 없을 때는 **로그인**을 클릭한 후 상단에 무료가입이 있을 때도 있습니다.

02 선생님의 입장이므로 **교사로서**를 선택합니다. 이때 이미 회원가입이 되어 있었다면 로그인을 클릭하면 됩니다.

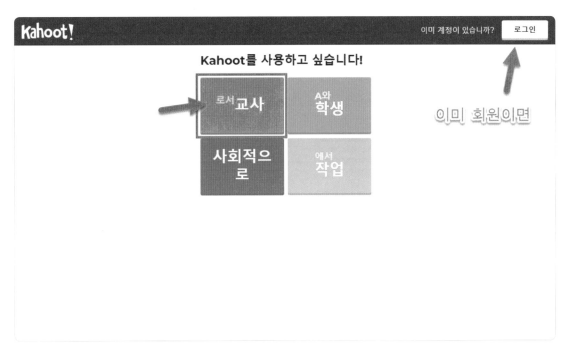

03 가입하기 화면에서 가급적이면 스마트폰에서도 로그인할 수 있도록 하려면 Google 에 가입을 선택하도록 합니다. 이때 스마트폰에서 구글계정과 동일하게 사용하는 것을 권장합니다.(여기서 구글에 가입하는 것이 아니라 구글에 가입된 것으로 가입한다는 의미로 구글계정의 비밀번호를 먼저 알고 있어야 합니다.)

04 구글계정의 **이메일(지메일)**을 입력한 후 **다음**을 클릭합니다. 아이디가 아니라 이메일이기 때문에 id@gmail.com 형식으로 입력을 해야합니다.

05 구글계정의 **비밀번호**를 입력한 후 **다음**을 클릭합니다.

06 익숙해지고 기능에 제한 없이 사용하기 위해서는 유료로 사용하는 것이 좋지만 아무래도 아직은 학습하는 단계이므로 **무료로 계속**을 클릭하면 됩니다. 유료는 프리미엄이 6달러로 12개월이면 72달러로 90,000원 정도합니다.

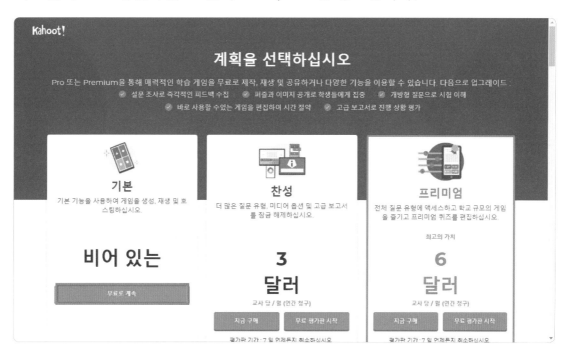

07 회원가입은 끝났지만 **카후트 만들기**를 눌러서 문제를 만들어 내는 레이아웃을 볼 수 있도록 합니다. 카훗을 이용해서 퀴즈를 내는 것을 연습해 보면 쉽게 만들 수 있을 것입니다.

08 새로운 카훗을 생성하는 화면으로 각종 템플릿이 있지만 여기서는 **창조하다**를 클릭 해서 아무런 템플릿 없는 빈 카훗을 시작하도록 합니다.(문서작성할 때 빈 문서와 같 지만 기본 양식은 있습니다)

09 새 카훗 만들기의 레이아웃으로 제목, 질문, 답을 입력해서 퀴즈를 만들어 내는 화면 으로 다음 과정에서는 퀴즈를 만들어 보면서 화면을 다뤄보도록 합니다. 여기서는 **출 구**를 클릭해서 빠져나갑니다.

10 상단의 **❶설정**을 클릭한 후 **❷로그아웃**을 클릭합니다. 크롬 브라우저는 로그인을 한 상태로 창을 닫거나 컴퓨터를 재부팅해도 계속 로그인이 되어있는 상태로 유지합니다. 개인정보 차원에서 반드시 본인의 컴퓨터가 아닌 경우라면 로그아웃을 해야겠습니다.

11 로그아웃을 하면 아래와 같은 로그인 화면이 나옵니다. 크롬 브라우저를 사용해서 비밀번호가 기억되면 다른 사람이 비밀번호를 볼 수도 있으므로 편리하지만 개인정보 보호는 스스로 지켜야 합니다.

01 크롬 브라우저에서 카훗을 로그인해서 상단에 있는 **창조하다** 버튼을 클릭합니다.

02 새롭게 생성하는 3가지 형태가 나오는데 우리는 여기서 새로운 카훗에 있는 **창조하다**를 클릭합니다. 어차피 다른 것을 선택해도 비슷한 형태의 레이아웃이 나오게 됩니다.

03 상단의 **kahoot 제목을 입력하십시오**를 클릭하면 다음의 화면이 나오게 됩니다.

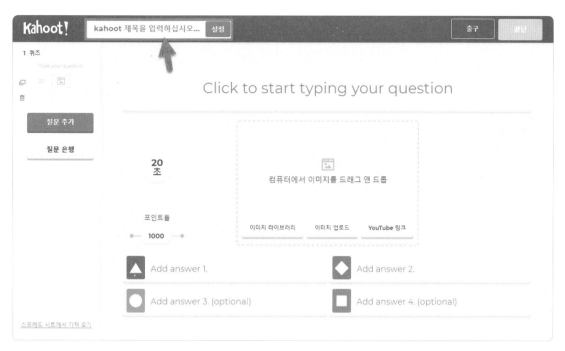

04 ❶제목을 입력한 후 ❷퀴즈의 상세한 설명을 입력해서 검색이 잘 되도록 합니다. ❸ 여러 사람이 참석하도록 체크한 후 ❹이미지를 문제에 맞도록 업로드한 후 ❺끝난 (Done)을 클릭합니다.

05 퀴즈1번에 맞는 문제를 입력한 후 문제에 맞는 이미지를 업로드 하도록 합니다.

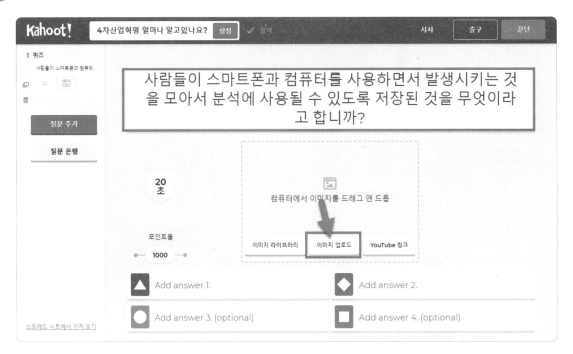

06 퀴즈는 4지선다형으로 ❶인공지능데이터 ❷빅데이터 ❸블록체인 ❹핀데이터를 직접 클릭해서 입력한 후 ❺정답에 체크를 합니다. 퀴즈 1문제당 20초로 고정되었는데 유료버전을 사용하면 문제 풀이 시간을 변경할 수 있습니다.

07 퀴즈를 추가하기 위해서 좌측창에서 **질문추가**를 클릭하면 우측창에 질문의 종류가 6개가 나옵니다. 여기서는 **퀴즈**를 선택하도록 합니다.

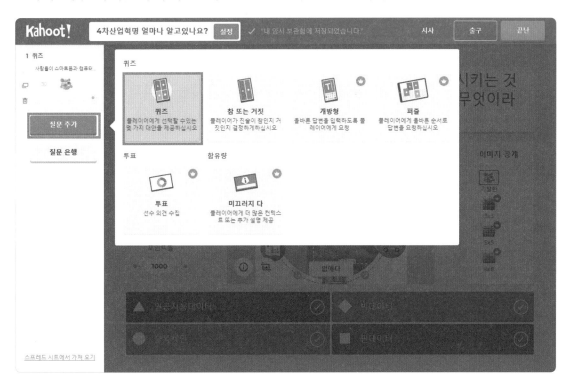

08 질문을 입력한 후 질문에 맞는 이미지를 업로드한 후 4지선다형에 보기를 AR, VR, AI, IOT를 입력한 후 정답인 3번에 체크를 합니다. 이러한 방식으로 질문을 추가해 나가면 됩니다.

09 카훗에 이미 만들어서 올라온 질문들을 검색해서 수정하는 방법도 있습니다. 좌측에서 **질문 은행**을 클릭합니다.

10 ❶질문할 단어를 입력한 후 적당한 질문을 찾았으면 ❷Add 버튼을 클릭한 후 ❸닫기를 클릭합니다. 잘 만들어 놓은 문제를 찾아서 이런 방식으로 찾아서 추가하면 빠르게 퀴즈를 만들 수 있습니다.

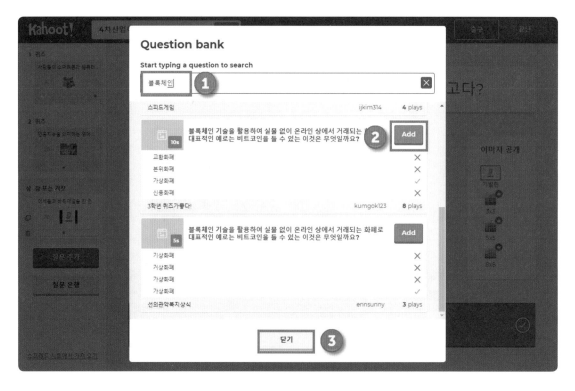

11 질문과 4지선다형에 모두 작업이 완성되어 있고 정답에도 체크가 되어 있습니다. 이
미지 업로드 버튼을 클릭해서 질문에 적당한 이미지를 올려줍니다.

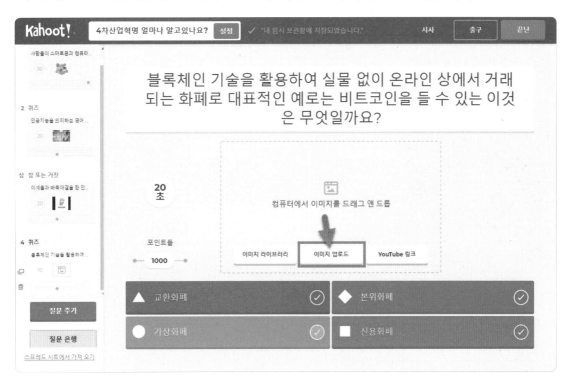

12 퀴즈 출제의 입력작업이 끝났으면 우측 상단의 **끝난(Done)** 버튼을 클릭합니다.

13 카훗을 만들었으면 다음단계는 이제 학생들에게 문제를 풀어볼 수 있도록 **호스트 kahoot** 버튼을 클릭합니다.

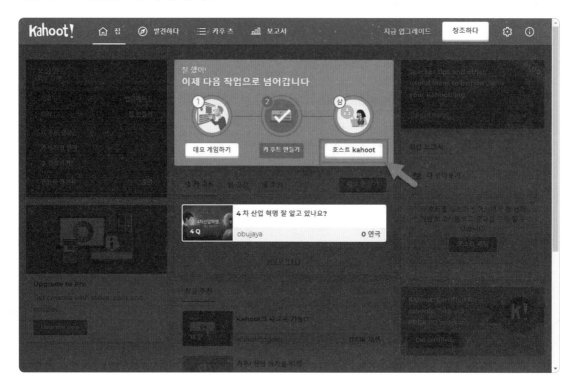

14 Host a kahoot live 대화상자에서 재생할 카훗 목록이 나왔으면 퀴즈를 풀어볼 카 훗의 **플레이** 버튼을 클릭합니다. 가급적 3명 이상이 문제를 풀도록 유도해야 합니다.

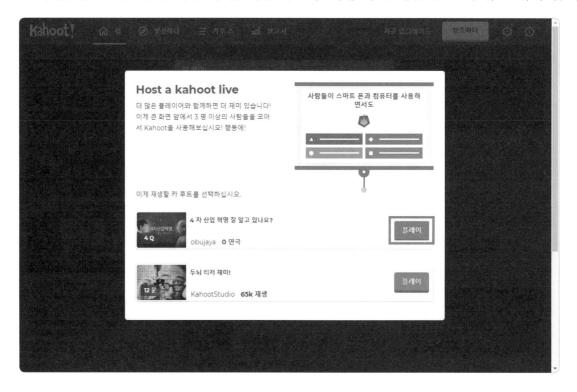

15 화면에 카훗 게임의 PIN번호가 발생되어서 보이게 됩니다. 선수가 늘어나는 것은 학생들이 스마트폰 카훗을 실행한 후 PIN번호를 입력한 결과입니다. 선수가 모두 입장되었으면 **스타트**를 누릅니다.

16 학생들은 스마트폰에서 Play 스토어에서 kahoot을 설치한 후 실행한 후 As a student를 선택합니다.

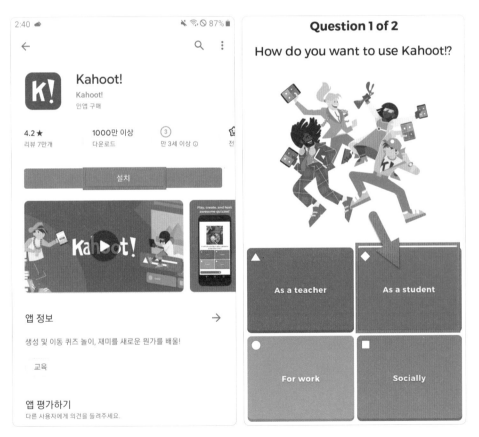

17 참가자의 **나이**를 입력하고 **OK**를 누르면 오른쪽 화면에서 **PIN 버튼**을 터치합니다.

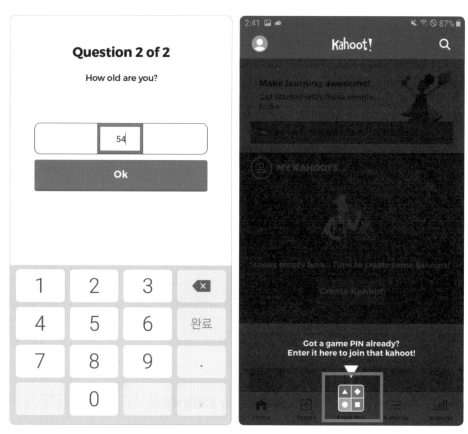

18 PIN **번호**를 입력하고 **Enter**를 터치한 후, **참가자 이름**을 입력한 후 OK, go! 버튼을 터치합니다.

19 이름이 맞는지 확인하고 기다리면 선생님이 퀴즈 스타트를 누르면 20초 안에 화면을
문제를 본 후 4지 선다형에 답을 터치합니다.

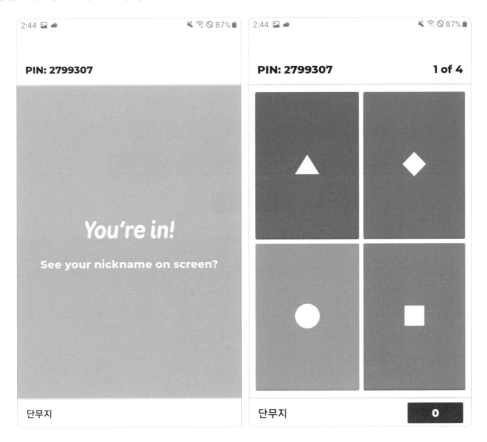

20 맞았을 때의 화면과 틀렸을 때의 화면이고 점수가 누적되며 몇 번째로 정답을 입력했
는지도 표시가 됩니다.

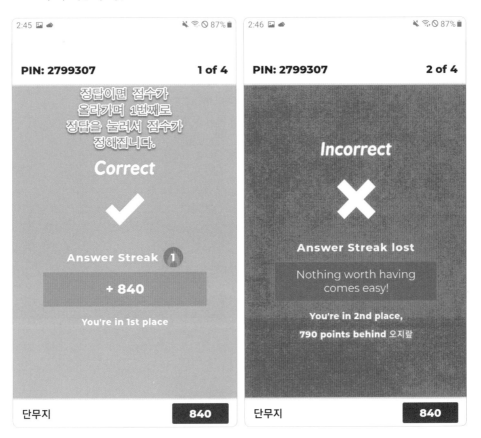

21 퀴즈를 내고 있는 카훗 서버에서는 아래와 같이 문제가 제시되고 제출할 때마다 보이는 화면으로 **다음** 문제를 클릭합니다.

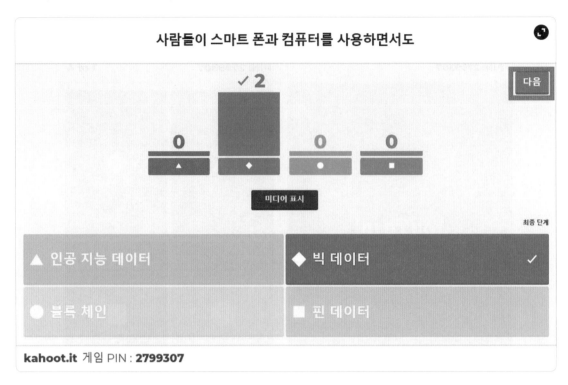

22 문제풀기가 모두 끝나면 아래와 같이 결과가 나왔습니다. **피드백 받기** 버튼을 클릭하면 결과화면이 상세하게 나옵니다.

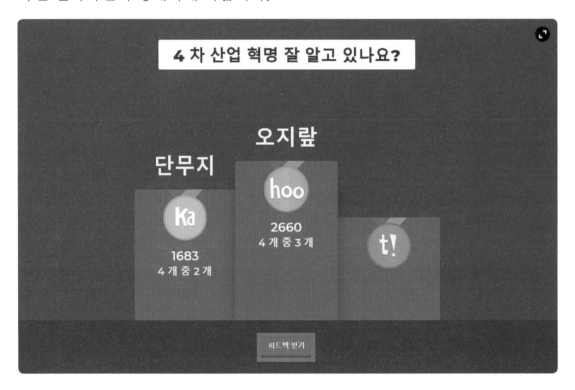

23 피드백화면이 나오면 오른쪽의 **보고서보기** 버튼을 클릭해서 최종 결과물을 화면으로 보여줍니다.

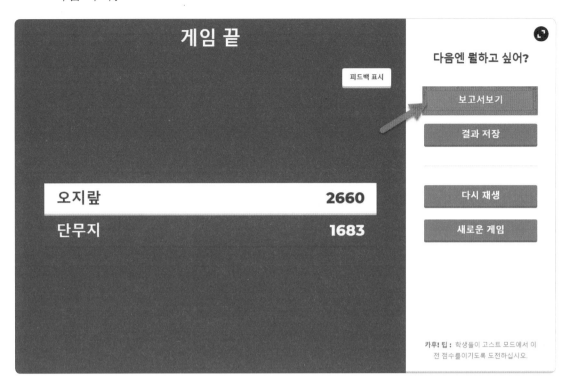

24 보고서로 화면을 볼 수가 있는데 스크롤하면서 각 질문마다 결과보고가 상세하게 그래프로 나타내 주기도 합니다. 상단의 **홈 버튼**을 클릭합니다.

25 퀴즈문제를 수정하려면 상단에 **❶카훗** 버튼을 클릭한 후 해당하는 퀴즈에 **❷더보기**를 눌러서 **❸편집하다**를 클릭합니다.

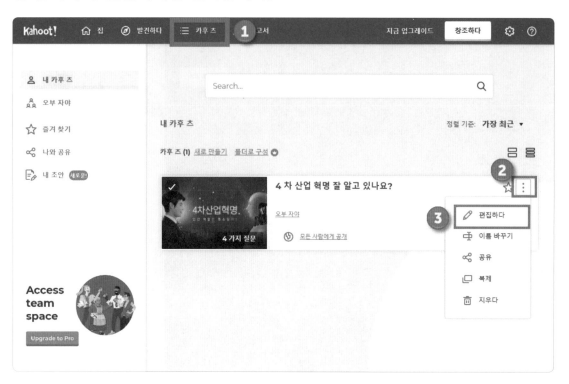

26 수정할 **❶퀴즈번호**를 클릭한 후 **❷보기**를 고친 후 우측 상단의 **❸끝난(Done)**을 클릭합니다.

27 수정된 카훗을 실행한 준비가 끝났다는 메시지가 나오는데 **끝난(Done)** 버튼을 클릭합니다.

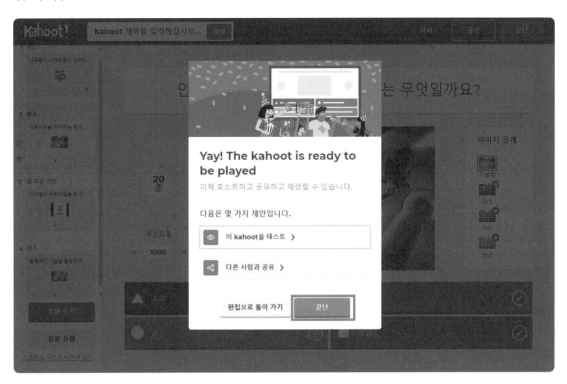

28 트로피 버튼을 누르면 도전이라는 창이 열리는데 완료시간을 정해서 시간을 가지고 천천히 풀어볼 수 있도록 할 수도 있습니다.

개인정보관리와 교육수료증 받기

🖱 개인정보란?

살아 있는 개인에 관한 정보로서 성명, 주민등록번호 및 영상 등을 통하여 개인을 알아볼 수 있는 정보(해당 정보만으로는 특정 개인을 알아볼 수 없더라도 다른 정보와 쉽게 결합하여 알아볼 수 있는 것을 포함한다)를 말합니다.

개인정보 해당 여부 판단 기준

가. 개인정보 보호법 등 관련 법률에서 규정하고 있는 개인정보의 개념은 다음과 같으며, 이에 해당하지 않는 경우에는 개인정보가 아님

나. 개인정보는

1)살아 있는 2)개인에 관한 3)정보로서 4)개인을 알아볼 수 있는 정보이며, 해당 정보만으로는 특정 개인을 알아볼 수 없더라도 5)다른 정보와 쉽게 결합하여 알아볼 수 있는 정보를 포함

   ⅰ) (살아있는) 자에 관한 정보이어야 하므로 사망한 자, 자연인이 아닌 법인, 단체 또는 사물 등에 관한 정보는 개인정보에 해당하지 않음

   ⅱ) (개인에 관한) 정보이어야 하므로 여럿이 모여서 이룬 집단의 통계값 등은 개인정보에 해당하지 않음

   ⅲ) (정보) 의 종류, 형태, 성격, 형식 등에 관하여는 특별한 제한이 없음

   ⅳ) (개인을 알아볼 수 있는 정보) 이므로 특정 개인을 알아보기 어려운 정보는 개인정보가 아님 여기서 '알아볼 수 있는'의 주체는 해당 정보를 처리하는 자(정보의 제공 관계에 있어서는 제공받은 자를 포함)이며, 정보를 처리하는 자의 입장에서 개인을 알아볼 수 없다면 그 정보는 개인정보에 해당하지 않음

   ⅴ) (다른 정보와 쉽게 결합하여) 란 결합 대상이 될 다른 정보의 입수 가능성이 있어야 하고, 또 다른 정보와의 결합 가능성이 높아야 함을 의미

🖱 개인정보의 중요성

개인정보가 누군가에 의해 악의적인 목적으로 이용하거나 유출될 경우 개인의 사생활에 큰 피해를 줄 뿐만 아니라 개인 안전과 재산에 피해를 줄 수 있습니다.

또한 스팸문자나 보이스 피싱, 나를 사칭한 메신저 상의 금융사기 등이 모두 개인정보 유출과 관련되어 있는 경우가 많습니다.

01 개인정보보호 종합포털(https://www.privacy.go.kr/) 사이트에 접속한 후 화면 중앙에 위치한 온라인 교육의 **교육신청**을 클릭합니다.

02 개인정보보호법 제28조에 근거하여 개인정보취급자는 3개의 과정 중 1개 과정 이상을 수료해야합니다. 또한 개인정보보호 교육을 지정한 민간기관이 없으므로 수업시간에 교수 및 강사에게 개인정보보호에 관한 강의를 들어도 아무 의미 없는 것이 됩니다. 여기 온라인 교육을 통해서 교육을 신청하고 강의를 온라인으로 들을 수 있으며, 온라인 교육의 효력은 1년으로 작년에 들었어도 새해에는 다시 신청해서 강의를 들어야만 수료내역의 효력이 발생합니다.

HOME > 교육마당 ▼ > 온라인 교육 ▼

교육 안내 및 신청 ▼   나의수강내역

교육 안내 및 신청

과정안내

* (근거법령) 개인정보보호법 제28조
* (교육신청) 본인의 I-PIN 또는 휴대폰 인증 후 교육과정 선택 (예) 3개 신청시 3개 수료증 발급
  * 서울신용평가정보, 나이스 신용평가정보, 코리아크레딧뷰로 에서 I-PIN 발급 가능
* 학습진도 수강현황 수료증 발급 등 사이버 교육 문의 : 02-6952-8650
* 2019년 온라인교육은 교육기간이 종료됨에 따라 2019년에 수강신청하신 교육은 수강이 불가합니다. 온라인 교육 수강 필요시 2020년도 교육을 새로 수강신청 해주시기 바랍니다.
* 교육관련 스팸(팩스) 신고 : 118 또는 불법스팸대응센터(http://spam.kisa.or.kr/kor/report/report02.jsp)
  - 행정안전부에서 개인정보보호 교육을 위탁(지정)한 민간기관이 없으며 교육 관련 협박 피해자께서는 경찰에 적극 신고하시기 바랍니다.

*개인정보취급자 교육 시 3개 과정 중 1개 과정이상 선택하여 수강

교육안내는 꼭
읽어보세요.

과정명	수강신청기간	맛보기	신청
개인정보 안전성 확보조치	2020.01.01 ~ 2020.12.30		신청하기
개인정보보호법 이해하기	2020.01.01 ~ 2020.12.30		신청하기
업무용 PC에서 개인정보 보호조치 설정하기	2020.01.01 ~ 2020.12.30		신청하기

* 수강중인 과정은 나의수강내역 > 교육수강목록에서 해당 과정에 대한 교육을 받으실 수 있습니다. 교육수강 목록 이동 >

* 온라인교육 수료내역은 1년간 저장됩니다.

03 온라인교육의 서비스제공에 관련한 목적으로 개인정보를 처리(수집,이용)에 **동의에 체크**한 후 **확인**을 클릭합니다.

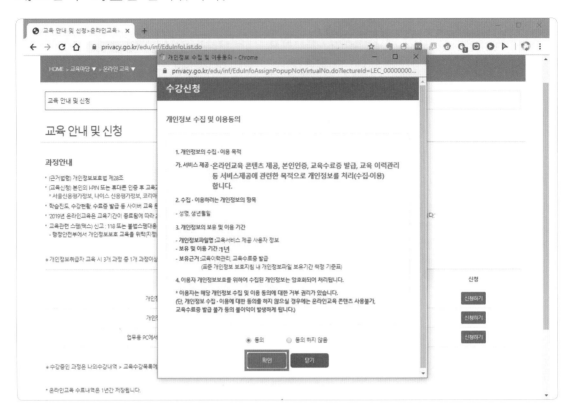

04 본인인증을 휴대폰 인증으로 하겠습니다.

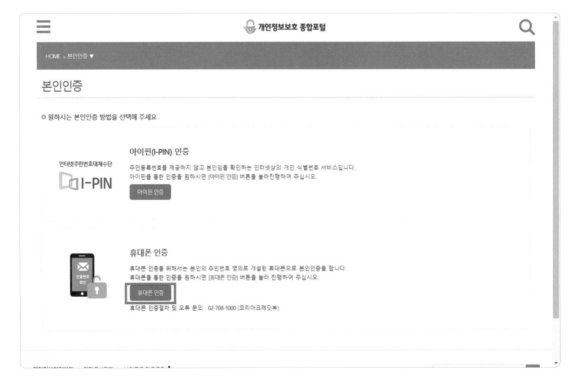

05 이용 중인 통신사를 클릭합니다. 여기서는 LGU+를 클릭해서 진행하도록 하겠습니다. 통신사가 달라도 진행방법은 동일합니다.

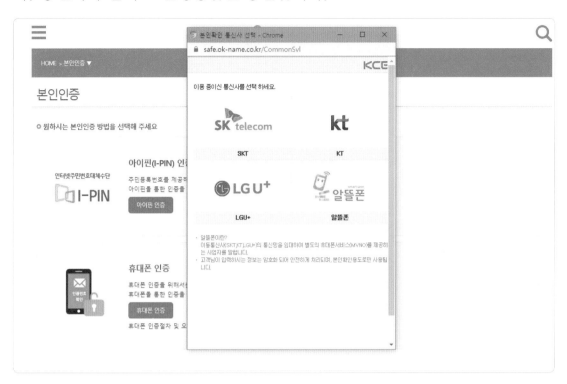

06 ❶휴대폰본인확인(문자) 화면이 맞는지 확인하고 ❷이름을 입력하고, 생년월일은 19571224 형식으로, 휴대폰은 01012341234 형식으로 입력합니다. ❸왼쪽에 보이는 6자리 숫자를 입력한 후 선택이라고 써있는 것 빼고 모두 ❹체크한 후 확인을 클릭합니다.

07 본인의 스마트폰에 문자메시지가 오는데 6자리 **숫자를 입력**한 후 **확인**을 클릭합니다. 1회성 인증번호이므로 기록하지 않아도 됩니다.

08 휴대폰본인확인 완료 창이 나오면 **완료**를 누르세요. 간편본인앱을 설치하라고 유도하는 것은 무시해도 되는데 무료서비스가 아닌 유료서비스입니다.

09 아래 화면이 보이면 신청하기는 끝났으며, **현황보기**를 클릭해서 교육동영상을 볼 수 있으며 세부강의를 이어서 들을 수 있습니다.

10 **수강하기**를 클릭하면 여기서 동영상이 재생되며 수강이 완료되었어도 복습할 수 있다고 안내됩니다. **닫기**를 클릭해서 신청과정을 마무리하도록 합니다.

◎ 강의 상세 소개

교육내용 : 중소사업자가 운영하는 개인정보처리시스템의 접근권한 설정, 비밀번호 관리, 접속기록 보관, 암호화 등 개인정보의 안전성 확보조치 방법에 등 개인정보의 안전성 확보조치 기준 설명 및 실습

교육대상 : 개인정보처리시스템을 운영하는 중소사업자의 개인정보책임자, 시스템 운영자 등

수료기준 : 진도율 100%

◎ 학습현황

차시	수강	학습횟수	수강하기
개인정보 안전성 확보조치 기준 소개	X	0회	수강하기
접근권한의 관리	X	0회	수강하기
접근통제	X	0회	수강하기
개인정보의 암호화	X	0회	수강하기
접속기록의 보관 및 점검	X	0회	수강하기
악성프로그램 등 방지	X	0회	수강하기
개인정보의 파기	X	0회	수강하기

＊ 수강이 완료된 후에도 복습을 할 수 있습니다.

닫기

01 좌측상단의 **메뉴 – 교육마당 – 온라인교육 – 나의수강내역**을 차례대로 클릭하면 본인인증을 앞 과정대로 수행합니다.

02 교육수강 목록창에서 **현황보기**를 클릭합니다.

03 학습현황에 **수강하기**를 클릭합니다.

04 교육수강 인정에 대한 안내가 나오면 잘 읽어봐야 합니다. 단원 강의를 끝냈을 때 반드시 오른쪽 상단의 **교육종료**를 클릭해야 하며, 그렇지 않고 브라우저를 닫으면 수강이 인정되지 않습니다. 이제 하단의 **교육 시**작을 클릭해서 강의를 시작합니다.

05 강의 플레이어화면이 나옵니다. 가운데 플레이 버튼을 눌러서 강의를 수강하면 되고, 현재 1/12로 12개의 슬라이드 영상이 있다는 것을 안내하고 있습니다.

06 재생할 때 컨트롤바에서 빨리감기를 하면 수강인정이 안됩니다. 끝가지 듣고 기다리면서 각 슬라이드가 끝나면 다음을 클릭합니다.

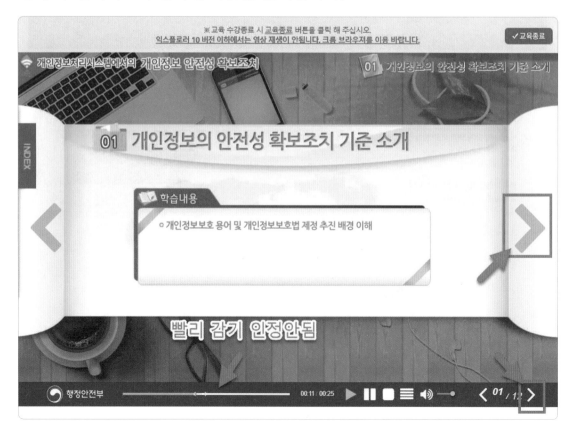

07 세부 읽어보기가 나오는데 읽어보는 것이 좋지만 수강시간에 포함되지는 않습니다. 오른쪽 하단에 ▶**버튼을 클릭하세요**가 보일 때만 다음을 클릭합니다.

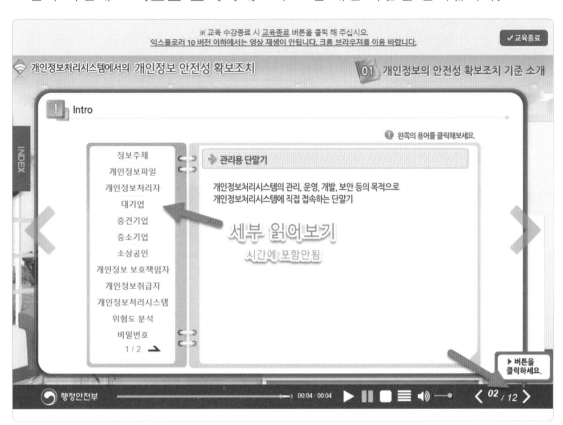

08 12개의 슬라이드 영상 시청이 끝나면 아래와 같은 화면이 나오며 상단의 **교육종료**를 클릭해서 마칩니다. 절대 **창 닫기를 하면 수강인정이 안된다는 것**을 명심하세요.

09 앞의 과정대로 모두 수강이 끝나면 교육수강 목록창에서 진도율이 100%인 것을 확인합니다. 이제 수료증을 발급 받기 위해 상단의 **개인정보보호 종합포털**을 클릭해서 시작 페이지로 이동합니다.

01 개인정보보호 종합포털 홈 화면에서 온라인 교육의 **수료증 발급**을 클릭합니다.

02 수료증 발급 화면에는 과거 발급받았던 수료증도 나오게 되는데 교육기간을 확인한 후 수강했던 과정의 **발급하기** 버튼을 클릭합니다.

03 종이인쇄를 클릭하면 프린터로 출력할 수 있지만 우편으로 발송을 하거나 직접 가져다 주는 불편함이 있지만, 파일저장은 이메일 또는 팩스로 전송할 수 있어 편리합니다.